A los que perdieron (perdimos) todo...

FSC
www.fsc.org
MIXTO
Papel procedente de
fuentes responsables
Paper from
responsible sources
FSC® C105338

Wall Street y el resto

Hechos que nos llevaron al colapso financiero en 2008

vistos desde el 2013

José Manuel Santos Vázquez

Editorial: BoD · Books on Demand, Calle de Manzanares, 4, 28005 Madrid, bod@bod.com.es
Impresión: Libri Plureos GmbH, Friedensallee 273, 22763 Hamburg (Alemania)

ISBN: 978-84-109-2101-6

Prólogo

1. Desregulación financiera

- En las décadas anteriores, especialmente en los 90, se flexibilizaron las regulaciones sobre bancos e instituciones financieras, lo que permitió mayor riesgo en las operaciones.

2. Ley de Modernización de Servicios Financieros (1999)

- La derogación de la Ley Glass-Steagall en Estados Unidos permitió a los bancos comerciales involucrarse en actividades de inversión, aumentando los riesgos.

3. Expansión del crédito subprime

- Los bancos comenzaron a otorgar hipotecas de alto riesgo (subprime) a personas con bajo historial crediticio, generando una burbuja inmobiliaria.

4. Crisis hipotecaria en EE. UU.

- Las hipotecas se otorgaban con términos insostenibles, como tasas variables que se dispararon al cabo de unos años, provocando impagos masivos.

5. Errores en las agencias calificadoras

- Las agencias de calificación como Moody's y S&P otorgaron altas calificaciones crediticias a productos financieros riesgosos, creando una falsa sensación de seguridad.

6. Exceso de apalancamiento

- Instituciones financieras operaban con altos niveles de deuda en relación con sus activos, amplificando los riesgos en caso de pérdidas.

7. Política de tasas de interés bajas

- La Reserva Federal mantuvo tasas de interés bajas después de la crisis de las puntocom y el 11-S, incentivando el crédito barato y la especulación.

8. Auge de la burbuja inmobiliaria

- Los precios de las viviendas se dispararon entre 2000 y 2006, impulsados por el acceso fácil al crédito y la especulación en el mercado inmobiliario.

9. Falta de supervisión internacional

- Los reguladores globales no pudieron seguir el ritmo de la creciente complejidad de los mercados financieros y las operaciones transfronterizas.

10. Especulación en los mercados financieros

- Inversores buscaban rendimientos rápidos, fomentando una mayor toma de riesgos en activos vinculados al sector inmobiliario.

11. Burbuja de activos en Europa

- Países como España e Irlanda también experimentaron burbujas inmobiliarias que colapsaron, afectando a bancos locales y globales.

12. Conexión global de los mercados

- La interconexión financiera global significó que los problemas en el mercado hipotecario estadounidense se propagaron rápidamente a otros países.

13. Colapso de Lehman Brothers

- En septiembre de 2008, el banco de inversión Lehman Brothers se declaró en quiebra, marcando un punto crítico en la crisis.

14. Pánico financiero

- La quiebra de Lehman y otras instituciones generó desconfianza en los mercados, paralizando el crédito interbancario.

15. Congelación de los mercados crediticios

- La falta de confianza llevó a una drástica reducción del crédito disponible para empresas y consumidores.

16. Fuga de capitales

- Inversores retiraron fondos de mercados emergentes y activos de riesgo, agravando las tensiones económicas globales.

17. Recesión económica mundial

- La contracción del crédito redujo el consumo y la inversión, provocando un colapso en el crecimiento económico global.

18. Políticas públicas inadecuadas

- Los gobiernos reaccionaron tarde o de manera insuficiente ante los primeros signos de problemas financieros.

19. Crisis de confianza

- La falta de transparencia en los balances bancarios generó desconfianza generalizada en las instituciones financieras.

20. Problemas en los mercados laborales

- El desempleo se disparó cuando las empresas redujeron costos ante la contracción de la economía.

21. Caos global

- La pérdida de valor en activos como viviendas y fondos de pensiones redujo la riqueza de las familias, disminuyendo aún más el consumo en todas partes del mundo.

Epílogo

Prólogo: El precio de la confianza

Hay momentos en la historia en los que el mundo, confiado en el aparente orden de las cosas, avanza con pasos firmes hacia el abismo. La crisis financiera de 2007-2008 no fue un terremoto inesperado ni un cataclismo imprevisible. Fue el desenlace de una cadena de decisiones, de ambiciones desmedidas y de una fe ciega en un sistema que, bajo su fachada brillante, albergaba grietas profundas. Mientras las calles bullían con la actividad cotidiana y millones de personas soñaban con casas, negocios y futuros seguros, en los edificios de vidrio y acero de las grandes instituciones financieras, se gestaban mecanismos que, lejos de crear riqueza para todos, construían castillos de naipes sobre arenas movedizas.

Este relato no busca señalar con el dedo a quienes diseñaron aquellos complejos engranajes financieros ni limitarse a describir las explosiones de la tormenta perfecta que arrasó con empleos, ahorros y esperanzas. Es, antes que nada, un homenaje a las vidas rotas en el proceso. A las familias que, de un día para otro, perdieron sus hogares; a los pequeños ahorradores que vieron desaparecer los frutos de décadas de trabajo; a los jubilados que confiaron en la estabilidad prometida y se encontraron con la nada. Este relato es también una invitación a mirar atrás y entender, en toda su amplitud y complejidad, cómo llegamos a ese punto de quiebre que marcó al mundo entero.

En estos capítulos, hemos escogido cuidadosamente los eventos y las decisiones que pavimentaron el camino hacia la catástrofe. Desde las políticas económicas que incentivaron la especulación hasta los errores de cálculo de las instituciones que debían protegernos, este recorrido busca dar contexto y profundidad a lo ocurrido. Nos detendremos en la caída de gigantes como Lehman Brothers, en el colapso de los sistemas hipotecarios que alguna vez simbolizaron el sueño americano, y en las historias de países enteros atrapados en la vorágine de un sistema financiero globalizado que resultó ser mucho más frágil de lo que sus arquitectos nos hicieron creer.

Es imposible ignorar la negación que precedió al caos. A pesar de las señales de advertencia, de los analistas independientes que vaticinaron el colapso, los gobiernos, las agencias calificadoras y las instituciones financieras insistieron en que todo estaba bajo control. Hablaron de ajustes temporales, de fundamentos sólidos, mientras las alarmas ya resonaban con fuerza para quienes quisieran escuchar. Y en esa negación, en esa ceguera deliberada, se perdió la oportunidad de evitar el desastre.

Este libro no pretende ser un juicio, sino un testimonio. Porque recordar lo que sucedió no es solo un ejercicio de memoria; es un acto de responsabilidad hacia las generaciones futuras. Es nuestra forma de honrar a quienes, ajenos a las intrigas de los mercados y las políticas de despacho, pagaron el precio más alto. Y es, también, una advertencia: los errores del pasado no son irrepetibles, pero solo si los entendemos profundamente podremos aspirar a un futuro más justo y menos vulnerable.

Que estas páginas sirvan como un recordatorio solemne de lo que ocurre cuando la confianza es traicionada, cuando la codicia supera al sentido común y cuando olvidamos que, al final, las estructuras económicas no son un fin en sí mismas, sino un medio para el bienestar humano. Al relatar estos hechos, buscamos no solo dar claridad a un período oscuro de nuestra historia reciente, sino rendir tributo a quienes, sin culpa alguna, vieron sus vidas arrasadas por una tormenta que nunca pidieron. Este libro es para ellos.

1 – La desregulación financiera

La desregulación financiera fue un factor fundamental que llevó a la crisis económica de 2008. Este proceso, que se desarrolló durante varias décadas, implicó la eliminación gradual de las restricciones legales y regulatorias impuestas a las instituciones financieras, permitiéndoles operar con mayor libertad y asumir riesgos cada vez más elevados. Aunque la intención inicial era fomentar la innovación, mejorar la eficiencia del mercado y promover el crecimiento económico, estas medidas también crearon un entorno propicio para el comportamiento especulativo y el abuso de prácticas financieras riesgosas.

Uno de los momentos clave en este proceso fue la derogación de la Ley Glass-Steagall en Estados Unidos en 1999, mediante la aprobación de la Ley de Modernización de los Servicios Financieros. La Ley Glass-Steagall, implementada en 1933 tras la Gran Depresión, había establecido una separación estricta entre los bancos comerciales y los bancos de inversión para evitar conflictos de interés y reducir el riesgo sistémico. Al eliminar esta barrera, los bancos comerciales pudieron participar en actividades de inversión especulativa, y los bancos de inversión tuvieron acceso a los recursos de los depósitos de los clientes. Esto significó que las instituciones financieras podían utilizar los ahorros de los ciudadanos para financiar actividades altamente especulativas, como la compra de derivados complejos y la creación de instrumentos financieros basados en hipotecas.

Otro aspecto crucial de la desregulación fue la relajación de las normas sobre apalancamiento. En 2004, la Comisión de Valores y Bolsa de Estados Unidos (SEC, por sus siglas en inglés) permitió a las principales instituciones financieras aumentar significativamente sus niveles de deuda en relación con su capital. Esto permitió a los bancos asumir mayores riesgos al realizar inversiones especulativas, ya que podían pedir prestado mucho más dinero para financiar sus operaciones. Aunque esto inicialmente generó mayores ganancias, también hizo que las instituciones fueran extremadamente vulnerables a cualquier caída en el valor de los activos en los que habían invertido.

En paralelo, la innovación financiera se expandió sin una supervisión adecuada. Productos como las obligaciones de deuda colateralizada (CDO) y los swaps de incumplimiento crediticio (CDS) se volvieron cada vez más populares. Estos instrumentos financieros, aunque inicialmente creados para diversificar riesgos y proteger contra impagos, se volvieron extremadamente complejos y opacos. A medida que los bancos comenzaron a titularizar hipotecas y otros activos, los productos derivados basados en estos activos se vendieron a inversores de todo el mundo. Sin embargo, debido a la falta de regulación, muchas de estas inversiones no fueron evaluadas adecuadamente en términos de riesgo, lo que contribuyó a la acumulación de activos tóxicos en los balances de las instituciones financieras.

Los swaps de incumplimiento crediticio, conocidos como CDS por sus siglas en inglés (Credit Default Swaps), son instrumentos financieros derivados que desempeñaron un papel central en el sistema financiero global antes y durante la crisis financiera de 2008. Aunque inicialmente fueron diseñados como una herramienta para gestionar el riesgo crediticio, su uso y abuso llevaron a una acumulación de riesgos significativos que contribuyeron a la inestabilidad financiera.

Un CDS es esencialmente un contrato entre dos partes, en el que una parte (el comprador de protección) paga una prima regular a la otra parte (el vendedor de protección) a cambio de cobertura contra el incumplimiento de un instrumento de deuda específico, como un bono corporativo o gubernamental. En caso de que el emisor del instrumento de deuda subyacente incumpla sus obligaciones de pago, el vendedor del CDS está obligado a compensar al comprador por las pérdidas sufridas. En este sentido, los CDS actúan como una especie de seguro contra el riesgo de crédito.

El funcionamiento de un CDS se basa en varios elementos clave. Primero, está el instrumento de deuda subyacente, que puede ser cualquier tipo de activo crediticio, desde bonos corporativos hasta hipotecas. Segundo, está la prima que el comprador de protección paga al vendedor, que se calcula en función del riesgo percibido del activo subyacente. Cuanto mayor sea el riesgo de incumplimiento asociado al activo, mayor será la prima. Por último, está el evento de crédito, que puede incluir incumplimientos de pago, bancarrotas u otras situaciones contractualmente definidas que disparan las obligaciones del vendedor de protección.

Uno de los aspectos más destacados de los CDS es que no requieren que el comprador posea el activo subyacente. Esto significa que los CDS pueden ser utilizados no solo como una herramienta de cobertura, sino también como un instrumento especulativo. Los inversores pueden comprar CDS apostando a que un emisor específico incumplirá sus obligaciones, obteniendo beneficios si ocurre un evento de crédito. Este uso especulativo contribuyó al crecimiento exponencial del mercado de CDS, que alcanzó un valor nocional de decenas de billones de dólares antes de la crisis financiera.

El atractivo inicial de los CDS radicaba en su capacidad para gestionar y redistribuir el riesgo crediticio. Las instituciones financieras podían utilizarlos para protegerse contra el incumplimiento de sus activos crediticios, reduciendo así su exposición al riesgo. Al mismo tiempo, los inversores podían acceder a rendimientos potencialmente altos al asumir el papel de vendedores de protección. Este modelo incentivó a muchas instituciones, incluidas aseguradoras como AIG, a emitir CDS en grandes cantidades, muchas veces sin una comprensión adecuada de los riesgos acumulativos.

Sin embargo, los CDS también introdujeron una serie de problemas estructurales y sistémicos. En primer lugar, la falta de transparencia en el mercado de CDS hizo que fuera difícil para las partes involucradas y los reguladores evaluar la magnitud del riesgo crediticio en el sistema. Los contratos de CDS se negociaban en mercados extrabursátiles (OTC, por sus siglas en inglés), lo que significaba que no estaban estandarizados ni sujetos a supervisión regulatoria estricta. Esto creó un entorno propicio para la acumulación de riesgos opacos y la interconexión entre grandes instituciones financieras.

En segundo lugar, el uso especulativo de los CDS exacerbó las tensiones en el mercado financiero. Los inversores podían emitir CDS sin límites sobre el mismo activo subyacente, lo que condujo a una situación en la que las pérdidas potenciales asociadas a un evento de crédito superaban con creces el valor del activo subyacente. Esto amplificó el impacto de los incumplimientos y aumentó la vulnerabilidad del sistema financiero.

Un caso emblemático de los riesgos asociados a los CDS fue el colapso de AIG, una de las aseguradoras más grandes del mundo. AIG había emitido miles de millones de dólares en CDS sobre activos relacionados con hipotecas subprime. Cuando el mercado inmobiliario colapsó y los incumplimientos hipotecarios aumentaron, AIG se enfrentó a pérdidas masivas y no pudo cumplir con sus obligaciones contractuales. Esto obligó al gobierno de Estados Unidos a intervenir con un rescate financiero sin precedentes para evitar un colapso sistémico.

Fueron cruciales en la propagación de la crisis financiera al conectar a las instituciones financieras de manera compleja e intrincada. Cuando una institución importante enfrentaba dificultades, las pérdidas se transmitían rápidamente a otras partes del sistema a través de contratos de CDS. Esto creó un efecto dominó que amplificó la inestabilidad y contribuyó a la recesión global.

Las agencias de calificación crediticia desempeñaron un papel importante en este proceso, ya que calificaron muchos de estos productos financieros como seguros y de alta calidad crediticia. Sin embargo, la desregulación también afectó la forma en que operaban estas agencias, ya que dependían de las comisiones pagadas por las mismas instituciones financieras cuyos productos calificaban. Este conflicto de interés las llevó a sobrevalorar la calidad de los productos financieros, contribuyendo así a la expansión del riesgo sistémico.

En un contexto global, otros países también siguieron tendencias similares de desregulación. En Europa, por ejemplo, las normas que regían los mercados financieros se flexibilizaron para fomentar la competitividad en el sector. Esto permitió a los bancos europeos participar en la creación y compra de instrumentos financieros complejos basados en activos estadounidenses. La interconexión de los mercados globales amplificó el impacto de estas prácticas desreguladas, ya que las instituciones financieras de diferentes países quedaron expuestas al mismo tipo de riesgos.

Además de las reformas legales y regulatorias, la actitud de los reguladores también fue un factor determinante. Durante las décadas de 1990 y 2000, prevaleció una filosofía de "autorregulación" en la que se confiaba en que los mercados financieros podían gestionar sus propios riesgos sin intervención externa. Esta filosofía fue impulsada por la creencia en la eficiencia de los mercados libres, una idea que ganó popularidad en el periodo posterior a la Guerra Fría. Los reguladores adoptaron un enfoque laxo, permitiendo a las instituciones financieras operar con mínima supervisión y bajo la premisa de que estas actuarían de manera racional para proteger sus propios intereses.

La desregulación financiera encuentra sus raíces en las políticas económicas promovidas durante la administración de Ronald Reagan en los Estados Unidos en la década de 1980. Reagan adoptó una filosofía basada en el libre mercado, conocida como "Reaganomics", que buscaba reducir el papel del gobierno en la economía. Entre las medidas más notables se encontraba la disminución de los impuestos, la reducción del gasto público y la desregulación de varios sectores, incluido el financiero. Durante este periodo, se eliminaron muchas de las restricciones impuestas tras la Gran Depresión con el argumento de que sofocaban la innovación y el crecimiento económico. La creencia era que los mercados, si se dejaban a su propia dinámica, operarían de manera eficiente y beneficiarían a todos los participantes.

Uno de los pasos iniciales hacia la desregulación fue la eliminación de los controles sobre las tasas de interés que los bancos podían ofrecer a los depositantes. Esto permitió una mayor competencia entre las instituciones financieras y condujo al desarrollo de nuevos productos financieros. Sin embargo, también incentivó a los bancos a asumir mayores riesgos para ofrecer rendimientos más altos y atraer clientes. La Ley Garn-St. Germain de 1982, promulgada durante la presidencia de Reagan, fue otro hito importante. Esta ley permitió a las asociaciones de ahorro y préstamo (S&L) participar en actividades más arriesgadas, como inversiones inmobiliarias especulativas. Aunque estas reformas estaban diseñadas para revitalizar el sector financiero, contribuyeron al colapso de muchas instituciones S&L a finales de la década de 1980, un preludio de los problemas que surgirían más tarde.

La administración de Reagan también fomentó una actitud general de desconfianza hacia la regulación gubernamental. Esto se reflejó en la reducción del presupuesto y la influencia de las agencias reguladoras, lo que limitó su capacidad para supervisar efectivamente el comportamiento del mercado. Además, la idea de que los mercados financieros podían autorregularse ganó tracción, lo que llevó a una menor supervisión de las actividades especulativas y al desarrollo de productos financieros complejos. Aunque estas políticas sentaron las bases para un período de crecimiento económico, también crearon un entorno en el que los riesgos financieros podían acumularse sin control.

La tendencia hacia la desregulación continuó bajo administraciones posteriores, tanto republicanas como demócratas. La presidencia de Bill Clinton en la década de 1990 marcó otro periodo crucial en este proceso. Clinton firmó la Ley de Modernización de los Servicios Financieros de 1999, también conocida como la Ley Gramm-Leach-Bliley, que derogó la Ley Glass-Steagall de 1933. Esta derogación permitió la integración de bancos comerciales, bancos de inversión y compañías de seguros, creando conglomerados financieros gigantescos. Aunque esto se justificó como una medida para fortalecer la competitividad global de las instituciones financieras estadounidenses, también aumentó significativamente el riesgo sistémico al combinar actividades bancarias tradicionales con inversiones especulativas.

Durante el mismo periodo, la Commodity Futures Modernization Act de 2000 excluyó los productos derivados de los mercados financieros tradicionales de la supervisión regulatoria. Esto permitió que los derivados, como los swaps de incumplimiento crediticio, se negociaran libremente sin restricciones ni garantías adecuadas. Estos productos se convirtieron en una fuente importante de ingresos para las instituciones financieras, pero también contribuyeron a la acumulación de riesgos ocultos que eventualmente desestabilizarían el sistema financiero global. Los precedentes establecidos durante las décadas de 1980 y 1990 no solo permitieron, sino que incentivaron, la toma de riesgos cada vez más elevados, sentando las bases para las crisis financieras posteriores.

La Ley de Modernización de los Servicios Financieros de 1999, también conocida como la Ley Gramm-Leach-Bliley, fue un evento decisivo en la historia de la regulación financiera en Estados Unidos y un paso clave en el camino hacia la desregulación que contribuyó a la crisis económica de 2008. Esta legislación puso fin oficialmente a las restricciones impuestas por la Ley Glass-Steagall de 1933, que había sido promulgada durante la Gran Depresión con el fin de separar las actividades bancarias comerciales y de inversión para proteger a los consumidores y prevenir el riesgo sistémico.

El impulso para revocar Glass-Steagall se había gestado durante décadas, en un contexto de cambios significativos en los mercados financieros y una creciente presión de las grandes instituciones bancarias y aseguradoras. Desde la década de 1980, con la administración de Ronald Reagan, se había fortalecido la narrativa de que el exceso de regulación obstaculizaba la innovación y la competitividad. Esta idea ganó terreno en las filas tanto del Partido Republicano como del Partido Demócrata, respaldada por economistas y líderes empresariales que promovían los beneficios del libre mercado.

Uno de los principales impulsores de la Ley Gramm-Leach-Bliley fue el senador republicano Phil Gramm, un economista de formación y defensor acérrimo de la desregulación. Junto a él estuvieron el representante republicano Jim Leach y el representante demócrata Thomas Bliley, quienes trabajaron para construir un consenso bipartidista en torno a la necesidad de modernizar el sistema financiero. El argumento central era que la separación entre los bancos comerciales y de inversión había quedado obsoleta en un mundo donde las fronteras entre los diferentes servicios financieros eran cada vez más difusas.

La industria financiera también jugó un papel crucial en la promulgación de esta ley. Bancos de inversión como Goldman Sachs y Morgan Stanley, compañías de seguros como Travelers Group y conglomerados bancarios como Citicorp lideraron un esfuerzo de lobby masivo para convencer a los legisladores de que la eliminación de las restricciones beneficiaría a la economía en general. Se argumentaba que permitir la integración de servicios financieros fomentaría la eficiencia, reduciría costos y ofrecería a los consumidores una gama más amplia de opciones.

El proceso legislativo, sin embargo, no estuvo exento de resistencias. Grupos de consumidores, algunos economistas y legisladores progresistas advirtieron que la concentración del poder financiero en manos de unas pocas instituciones podía aumentar los riesgos para la economía y debilitar las protecciones para los consumidores. A pesar de estas preocupaciones, la legislación avanzó gracias al apoyo político de alto nivel, incluida la administración de Bill Clinton. Aunque algunos demócratas expresaron reservas, Clinton firmó la ley el 12 de noviembre de 1999, calificándola como un paso necesario hacia la modernización del sistema financiero.

El contexto económico de finales de los años 90 también desempeñó un papel importante. Estados Unidos estaba experimentando un auge económico impulsado por la revolución tecnológica y los mercados financieros globales. En este ambiente de optimismo, muchos legisladores y líderes empresariales consideraban que las restricciones impuestas en la era de la Depresión eran un obstáculo para el crecimiento y la competitividad.

Uno de los eventos que simbolizó la necesidad percibida de cambio fue la fusión entre Citicorp y Travelers Group en 1998, que dio lugar a Citigroup, una de las instituciones financieras más grandes del mundo. Esta fusión, que violaba las disposiciones de Glass-Steagall, recibió una exención temporal mientras se trabajaba en la aprobación de la nueva legislación. La creación de Citigroup fue vista como un ejemplo tangible de cómo las barreras regulatorias impedían la formación de instituciones financieras competitivas a nivel global.

La Ley Gramm-Leach-Bliley no solo eliminó las barreras entre bancos comerciales y de inversión, sino que también permitió a las compañías de seguros y otras instituciones financieras operar dentro de un marco integrado. Esto dio lugar a la creación de conglomerados financieros que ofrecían una gama completa de servicios, desde cuentas corrientes hasta productos de inversión complejos. Si bien esto representó una expansión significativa de las oportunidades de negocio para las instituciones financieras, también aumentó la complejidad del sistema financiero y dificultó la supervisión regulatoria.

En el aspecto regulatorio, la ley delegó la supervisión a múltiples agencias, lo que llevó a una fragmentación en la vigilancia del sistema financiero. Este enfoque descentralizado permitió que ciertos riesgos quedaran sin control, ya que las agencias enfrentaron dificultades para coordinarse y comprender la interconexión de las nuevas estructuras financieras. Aunque la ley incluía algunas disposiciones destinadas a proteger la privacidad de los consumidores y garantizar la seguridad de los datos, estas medidas fueron consideradas insuficientes por los críticos.

El impacto inmediato de la Ley Gramm-Leach-Bliley fue la creación de un entorno más competitivo para las instituciones financieras estadounidenses, que ahora podían competir en igualdad de condiciones con sus homólogas internacionales. Sin embargo, también sentó las bases para la acumulación de riesgos sistémicos, ya que las instituciones financieras comenzaron a asumir posiciones más agresivas en los mercados de derivados y otros instrumentos complejos. La eliminación de las restricciones tradicionales transformó radicalmente el panorama financiero, con consecuencias que se harían plenamente evidentes en la crisis económica de 2008.

La expansión del crédito subprime fue uno de los fenómenos más destacados y complejos que llevaron a la crisis financiera de 2008. Este tipo de crédito, caracterizado por ser otorgado a prestatarios con historiales crediticios deficientes o capacidades de pago limitadas, ganó prominencia en la década de 1990 y se convirtió en una parte fundamental del mercado hipotecario en los primeros años del siglo XXI. Su crecimiento no solo reflejaba la aparente expansividad del sistema financiero estadounidense, sino también una transformación profunda en cómo se originaban, empaquetaban y distribuían los riesgos financieros.

La expansión del crédito subprime fue facilitada en gran medida por un entorno regulatorio que incentivaba el acceso a la vivienda y por la innovación financiera que permitió la titulización de hipotecas. Durante décadas, la propiedad de la vivienda había sido promovida como un objetivo político clave en Estados Unidos. Instituciones como Fannie Mae y Freddie Mac, respaldadas por el gobierno, desempeñaron un papel importante en la creación de un mercado secundario para hipotecas, lo que permitió a los bancos originar préstamos con la confianza de que podrían vender esas hipotecas a estas entidades o a otros inversores.

En los años 90, mientras los mercados financieros se globalizaban y los instrumentos financieros se volvían más sofisticados, las hipotecas comenzaron a ser empaquetadas en valores respaldados por hipotecas (MBS, por sus siglas en inglés). Estos instrumentos permitieron a los bancos trasladar el riesgo de los préstamos a los mercados financieros, lo que incentivó una relajación en los estándares de crédito. Los préstamos subprime, que antes eran considerados demasiado riesgosos, se volvieron altamente demandados debido a los altos rendimientos que ofrecían en un entorno de bajas tasas de interés.

Los valores respaldados por hipotecas, conocidos como MBS por sus siglas en inglés (Mortgage-Backed Securities), son instrumentos financieros que desempeñaron un papel central en el desarrollo del sistema financiero moderno y, más tarde, en la crisis financiera de 2008. Para entender qué son y cómo funcionan, es fundamental explorar su estructura, su propósito y el contexto en el que se desarrollaron.

Un MBS es esencialmente un tipo de valor que representa derechos sobre los flujos de efectivo generados por un conjunto de hipotecas subyacentes. Estos valores son creados a través de un proceso llamado titulización, en el cual los préstamos hipotecarios emitidos por bancos u otros prestamistas son agrupados y vendidos a una entidad que los reempaqueta como instrumentos financieros. Estas entidades suelen ser instituciones como Fannie Mae, Freddie Mac o bancos de inversión privados. Una vez que las hipotecas son reempaquetadas, se emiten valores respaldados por estas, que luego se venden a inversores en los mercados financieros.

El mecanismo subyacente de un MBS se basa en los pagos que los prestatarios hacen sobre sus hipotecas. Cada vez que un propietario realiza un pago mensual de su hipoteca, parte de ese dinero se destina a cubrir el capital y los intereses, y estos flujos de efectivo se distribuyen a los inversores que poseen los MBS. En esencia, los inversores en un MBS están comprando una participación en el flujo de ingresos generado por un grupo de hipotecas.

El atractivo principal de los MBS para los inversores radica en su capacidad de ofrecer un rendimiento relativamente alto en comparación con otros instrumentos financieros tradicionales, como bonos del gobierno. Además, estos valores permiten a los inversores diversificar sus carteras accediendo al mercado inmobiliario sin necesidad de adquirir propiedades directamente. Para los bancos y otros prestamistas, la titulización ofrece una forma de liberar capital: al vender las hipotecas, pueden reinvertir los fondos en la emisión de nuevos préstamos, ampliando así su capacidad de generación de ingresos.

Sin embargo, el funcionamiento de los MBS también introduce una serie de complejidades y riesgos. Para facilitar la venta de estos valores, las hipotecas subyacentes suelen clasificarse en diferentes tramos o niveles de riesgo. Estos tramos determinan el orden en el que los inversores recibirán los pagos en caso de que algunos prestatarios incumplan. Por ejemplo, los tramos más seguros, conocidos como "senior", reciben los pagos primero y tienen un menor riesgo de pérdida, pero también ofrecen un menor rendimiento. Por otro lado, los tramos más riesgosos, denominados "junior" o "subordinados", ofrecen rendimientos más altos pero son los primeros en sufrir pérdidas si los prestatarios dejan de pagar.

Para hacer estos productos más atractivos a los inversores, las agencias calificadoras de riesgo, como Moody's, S&P y Fitch, evaluaban los MBS y asignaban calificaciones crediticias que indicaban su nivel de riesgo percibido. Muchas de estas calificaciones se basaban en modelos que asumían que los precios de las viviendas continuarían subiendo y que los incumplimientos hipotecarios serían limitados. Como resultado, una proporción significativa de los MBS fueron calificados con las codiciadas calificaciones AAA, lo que los hacía parecer inversiones seguras incluso cuando estaban respaldados por hipotecas subprime de alto riesgo.

El auge de los MBS fue impulsado por una serie de factores económicos y regulatorios. La baja en las tasas de interés después del estallido de la burbuja tecnológica a principios de los 2000 incentivó a los prestatarios a solicitar hipotecas y a los inversores a buscar rendimientos más altos en productos como los MBS. Además, la desregulación financiera y la falta de supervisión rigurosa permitieron que las instituciones financieras asumieran riesgos crecientes en la creación y distribución de estos valores.

Aunque los MBS inicialmente parecían una innovación financiera beneficiosa, también contribuyeron a la acumulación de riesgos sistémicos en el sistema financiero. A medida que aumentaba la demanda de MBS, los prestamistas se volvieron menos rigurosos en la evaluación de la solvencia de los prestatarios. Esto dio lugar a un crecimiento explosivo de las hipotecas subprime y otros tipos de préstamos de alto riesgo. En muchos casos, los prestatarios recibieron préstamos que no podían pagar a largo plazo, pero estas hipotecas seguían siendo empaquetadas en MBS y calificadas de manera optimista por las agencias.

El colapso del mercado inmobiliario en 2006 expuso las debilidades inherentes a los MBS. Cuando los precios de las viviendas comenzaron a caer y los incumplimientos hipotecarios se dispararon, los flujos de efectivo que respaldaban los MBS se redujeron drásticamente. Esto llevó a una pérdida masiva de confianza en estos instrumentos y una caída en su valor, lo que a su vez desestabilizó a las instituciones financieras que los poseían en grandes cantidades. En última instancia, los MBS se convirtieron en un catalizador clave de la crisis financiera, demostrando cómo una innovación financiera mal gestionada puede amplificar los riesgos en lugar de mitigarlos.

Los prestamistas comenzaron a adoptar prácticas cada vez más agresivas para captar nuevos clientes en el mercado subprime. Ofrecían préstamos con términos iniciales atractivos, como tasas de interés bajas o incluso inexistentes durante los primeros años, lo que permitía a personas con ingresos modestos acceder a viviendas que, de otro modo, estarían fuera de su alcance. Sin embargo, estos préstamos a menudo incluían cláusulas que incrementaban significativamente las tasas de interés después de un período inicial, lo que generaba una carga financiera insostenible para muchos prestatarios.

La expansión del crédito subprime también estuvo impulsada por la creciente demanda de los inversores institucionales por productos financieros de alto rendimiento. Los MBS y los productos derivados relacionados, como las obligaciones de deuda garantizadas (CDO), ofrecían oportunidades lucrativas para bancos, fondos de pensiones, aseguradoras y otros actores del mercado.

Las obligaciones de deuda garantizadas, conocidas como CDO por sus siglas en inglés (Collateralized Debt Obligations), representan uno de los instrumentos financieros más complejos y controversiales que surgieron en las décadas previas a la crisis financiera de 2008. Su naturaleza, estructura y papel en el sistema financiero global reflejan tanto la sofisticación como los riesgos inherentes de los mercados modernos. Para comprender qué son y cómo funcionan, es esencial desglosar los conceptos fundamentales y explorar su evolución dentro del sistema financiero.

Un CDO es un producto financiero que agrupa varios tipos de activos de deuda, como préstamos hipotecarios, bonos corporativos, préstamos estudiantiles y otros instrumentos crediticios, y los reempaqueta en valores que luego se venden a los inversores. Los flujos de efectivo generados por los activos subyacentes –es decir, los pagos de los prestatarios sobre estas deudas– se distribuyen a los inversores en función del nivel de riesgo y la prioridad de pago asociado a cada tramo del CDO. Este proceso permite diversificar el riesgo al agrupar deudas de diferentes fuentes, aunque también introduce una enorme complejidad en la evaluación de los riesgos reales.

La estructura de un CDO está organizada en tramos jerárquicos que definen el orden en el que los inversores recibirán los pagos de los flujos de efectivo. Los tramos superiores, denominados "senior", tienen la mayor prioridad y, por lo tanto, se consideran más seguros. Los tramos intermedios y subordinados, conocidos como "mezzanine" y "equity", respectivamente, ofrecen rendimientos más altos debido a su mayor exposición al riesgo. En caso de que algunos prestatarios no cumplan con sus pagos, las pérdidas se asignan primero a los tramos subordinados, protegiendo así a los inversores de los tramos superiores.

El atractivo de los CDO para los inversores radica en su capacidad para ofrecer una combinación de diversificación y altos rendimientos. Para los bancos y otras instituciones financieras, los CDO proporcionan una forma de transferir el riesgo crediticio fuera de sus balances, liberando capital para otorgar nuevos préstamos. Este modelo de "originar y distribuir" se convirtió en un pilar del sistema financiero, permitiendo una expansión sin precedentes del crédito.

Sin embargo, los CDO también introdujeron una serie de riesgos significativos, muchos de los cuales no fueron comprendidos completamente hasta que fue demasiado tarde. Una de las principales debilidades de los CDO fue la falta de transparencia sobre los activos subyacentes. A menudo, estos instrumentos incluían deudas de baja calidad, como hipotecas subprime, que estaban sujetas a altas tasas de incumplimiento. Para hacer estos productos más atractivos, las agencias calificadoras asignaban calificaciones crediticias aparentemente seguras, como AAA, basándose en modelos que subestimaban la posibilidad de pérdidas masivas. Esto llevó a que muchos inversores compraran CDO sin comprender completamente los riesgos involucrados.

Otra característica crítica de los CDO fue su papel en la amplificación del apalancamiento dentro del sistema financiero. Muchas instituciones utilizaron estos instrumentos como garantía para obtener financiamiento adicional, aumentando así su exposición al riesgo. Además, los derivados financieros relacionados, como las obligaciones de deuda garantizada sintetizada (CDO sintéticas), permitieron a los inversores apostar sobre el desempeño de los activos subyacentes sin necesidad de poseerlos directamente. Esto multiplicó el impacto de las pérdidas cuando los mercados comenzaron a deteriorarse.

El auge de los CDO estuvo impulsado por una combinación de factores económicos, regulatorios y culturales. La baja en las tasas de interés después de la recesión de principios de los 2000 incentivó a los inversores a buscar productos financieros que ofrecieran mayores rendimientos. Al mismo tiempo, la desregulación del sistema financiero y la confianza excesiva en las innovaciones tecnológicas y cuantitativas fomentaron un entorno en el que los riesgos sistémicos se acumularon sin ser detectados.

Los efectos de los CDO se hicieron evidentes cuando el mercado inmobiliario comenzó a colapsar en 2006 y los incumplimientos hipotecarios se dispararon. Los flujos de efectivo que respaldaban estos instrumentos se redujeron drásticamente, lo que llevó a una caída en su valor y desestabilizó a las instituciones financieras que los poseían en grandes cantidades. Grandes bancos de inversión como Lehman Brothers y Merrill Lynch estaban profundamente expuestos a los CDO, y su colapso fue un factor clave en la propagación de la crisis financiera global.

En retrospectiva, los CDO representan un ejemplo claro de cómo la complejidad y la falta de supervisión en los mercados financieros pueden generar riesgos catastróficos. Aunque inicialmente concebidos como una herramienta para gestionar el riesgo y mejorar la eficiencia del mercado, su abuso y malinterpretación contribuyeron significativamente a una de las peores crisis económicas de la historia moderna.

Las agencias calificadoras jugaron un papel crucial al otorgar calificaciones altas a muchos de estos instrumentos, a pesar de que estaban respaldados por hipotecas subprime y, por lo tanto, eran intrínsecamente riesgosos. Esto creó una falsa sensación de seguridad en torno a la estabilidad de estos productos.
El auge del crédito subprime también fue alimentado por un cambio cultural dentro del sistema financiero. Los prestamistas comenzaron a priorizar el volumen de préstamos originados por encima de la calidad crediticia, ya que los ingresos generados por la oferta y venta de hipotecas se volvieron más lucrativos que los derivados de mantener los

préstamos en sus balances. Este modelo de "originar para distribuir" incentivó prácticas poco éticas, como la concesión de préstamos a personas que no cumplían con los requisitos tradicionales o la falsificación de información financiera para calificar a más prestatarios.

El mercado inmobiliario, que había experimentado un crecimiento sostenido en los precios durante años, reforzó la percepción de que las inversiones respaldadas por hipotecas subprime eran seguras. La creencia generalizada de que los precios de las viviendas continuarían aumentando indefinidamente creó una burbuja especulativa. Los prestatarios y los inversores confiaban en que cualquier problema de pago podría ser resuelto mediante la venta de la propiedad a un precio más alto, una expectativa que se desmoronó cuando los precios de las viviendas comenzaron a caer en 2006.

En el apogeo de la expansión del crédito subprime, instituciones financieras de todos los tamaños estaban profundamente involucradas en la creación, distribución y financiación de estos productos. Grandes bancos de inversión, como Lehman Brothers, Bear Stearns y Merrill Lynch, jugaron un papel central en la titulización y venta de instrumentos financieros complejos basados en hipotecas subprime. Al mismo tiempo, prestamistas más pequeños, como Countrywide Financial, se especializaban en originar préstamos subprime y venderlos rápidamente a bancos y otros inversores.

La combinación de un sistema financiero desregulado, la titulización de activos y la confianza excesiva en modelos de riesgo basados en datos históricos creó un entorno en el que los riesgos sistémicos se acumularon sin ser detectados. La expansión del crédito subprime no solo amplió el acceso a la vivienda, sino que también sentó las bases para una crisis financiera global cuando los prestatarios comenzaron a incumplir en masa y el valor de los productos financieros respaldados por estas hipotecas se desplomó.

La profunda disrupción en el mercado inmobiliario estadounidense que se desarrolló en la década de 2000 tiene sus raíces en una serie de prácticas crediticias y productos financieros que, aunque concebidos para diversificar el riesgo y fomentar el crecimiento económico, terminaron alimentando una burbuja insostenible. Este proceso estuvo estrechamente vinculado al auge de las hipotecas subprime y el seguro masiva, elementos que ya habían sido identificados como factores de riesgo desde principios de la década, pero que fueron intensificados por un entorno regulatorio laxo y una economía orientada al consumo.

Una de las claves del rápido crecimiento del mercado inmobiliario fue la disponibilidad de crédito fácil. La baja en las tasas de interés promovida por la Reserva Federal tras la recesión de 2001 incentivó a millones de estadounidenses a comprar viviendas, impulsando los precios de las propiedades. Este ambiente de optimismo económico también fomentó una cultura de apalancamiento entre prestatarios e instituciones financieras, que buscaron maximizar sus rendimientos en un contexto de costos financieros bajos. Al mismo tiempo, la introducción de nuevos instrumentos como los MBS permitió a los bancos transferir los riesgos asociados con las hipotecas a otros inversores, lo que los motivó a emitir préstamos con criterios cada vez más relajados.

El modelo de originar y distribuir desempeñó un papel crucial. Bajo este sistema, los bancos ya no retenían los créditos en sus balances, sino que los empaquetaban en valores que eran vendidos en los mercados secundarios. Este mecanismo funcionó como un incentivo perverso, ya que eliminó la necesidad de que los prestamistas garantizaran la calidad crediticia de los préstamos que otorgaban. Como resultado, se produjo un aumento significativo en la concesión de hipotecas a prestatarios con escasa capacidad de pago, sustentado por la creencia generalizada de que los precios de las viviendas continuarían aumentando indefinidamente.

Este contexto también se vio influenciado por la creciente demanda de instrumentos financieros complejos por parte de los inversores institucionales. Sin embargo, el enfoque en la rentabilidad a corto plazo y la confianza en las calificaciones de las agencias calificadoras llevaron a una subestimación del riesgo inherente. Estos instrumentos dependían de la capacidad de los prestatarios subyacentes para cumplir con sus obligaciones, pero la cadena de titulares de riesgo se extendió tanto que la responsabilidad se diluyó por completo.

Un aspecto menos evidente pero igualmente significativo fue el papel del apalancamiento en las instituciones financieras. Los bancos y otros intermediarios utilizaron grandes cantidades de deuda para financiar sus actividades, aumentando así su exposición al mercado inmobiliario. Este apalancamiento exacerbó los efectos de cualquier deterioro en la calidad crediticia de las hipotecas, ya que incluso pequeñas pérdidas podían desencadenar problemas graves en sus balances. Además, muchas instituciones no solo mantenían hipotecas y valores relacionados en sus libros, sino que también habían emitido productos derivados como los CDS para protegerse o especular sobre el riesgo de incumplimiento, amplificando así la complejidad y el riesgo sistémico.

El entusiasmo por los activos inmobiliarios también estuvo alimentado por el comportamiento de los propios consumidores. En una era de acceso fácil al crédito, muchas familias y particulares consideraron sus viviendas como una fuente de riqueza futura, utilizándolas como colateral para obtener préstamos adicionales. Esto contribuyó a una demanda sostenida en el mercado, pero también significó que una proporción creciente de la población estaba altamente endeudada, dependiendo de ingresos o refinanciamientos futuros para mantener su estabilidad financiera.

A medida que el ciclo alcanzó su punto álgido, comenzaron a aparecer signos de tensión. Las tasas de interés comenzaron a subir, lo que encareció los pagos de las hipotecas de tasa ajustable, afectando especialmente a los prestatarios más vulnerables. Al mismo tiempo, el aumento en la oferta de viviendas debido a ejecuciones hipotecarias y ventas forzadas empezó a ejercer una presión a la baja sobre los precios, rompiendo la narrativa de crecimiento continuo que había sustentado el mercado. Este cambio en las expectativas generó una reacción en cadena que afectó no solo a los propietarios y prestamistas, sino también a los inversores y las instituciones que habían confiado en la estabilidad del sector.

La caída del mercado inmobiliario representó una amenaza directa para los productos financieros relacionados, como los CDO y los MBS, de los que hemos hablado ya, cuyos valores dependían directamente del rendimiento de las hipotecas subyacentes. Los incumplimientos hipotecarios crecientes erosionaron la confianza en estos instrumentos, dejando a los inversores con activos cuyo valor era difícil de determinar. En este contexto, la incertidumbre se convirtió en una fuerza desestabilizadora que puso en duda la solvencia de numerosas instituciones financieras.

El impacto de estos desarrollos no se limitó al mercado inmobiliario ni a los productos derivados; también preparó el terreno para una serie de eventos que transformarían el sistema financiero global. Con el colapso de la confianza en los productos vinculados a las hipotecas, el flujo de crédito se contrajo, afectando a la economía en general y amplificando las dificultades en otros sectores. La interconexión de los mercados y la dependencia de instrumentos como los CDS garantizaron que las consecuencias se sintieran en todos los rincones del sistema financiero,

marcando el inicio de una crisis mucho mayor que aún no había
revelado toda su magnitud.

5 – Errores en las calificaciones de las agencias.

La percepción de seguridad en los productos financieros ligados al mercado inmobiliario durante la década de 2000 estuvo profundamente influenciada por las calificaciones otorgadas por las principales agencias especializadas. Estas entidades, responsables de evaluar el riesgo crediticio de diversos instrumentos financieros, jugaron un papel fundamental en la expansiva utilización de instrumentos como los valores respaldados por hipotecas (MBS) y las obligaciones de deuda garantizadas (CDO). En esencia, su función consistía en analizar los riesgos inherentes a estos productos y proporcionar una calificación que sirviera de guía para inversores de todo el mundo. Sin embargo, lo que se presentó como un proceso objetivo y riguroso estaba profundamente influenciado por intereses económicos y estructuras de incentivos que comprometieron su imparcialidad.

Las agencias no operaban en un vacío. Eran empresas privadas que dependían de los honorarios pagados por las mismas instituciones financieras cuyos productos estaban calificando. Este modelo de "pago por calificación" creó un evidente conflicto de intereses, ya que las agencias tenían un incentivo financiero para emitir calificaciones favorables a fin de mantener y atraer clientes en un mercado altamente competitivo. Los bancos, conscientes de esta dinámica, aprovecharon su posición para presionar, directa o indirectamente, a las agencias a otorgar calificaciones altas, lo que facilitó la venta de productos financieros a una base de inversores más amplia.

El atractivo de las calificaciones AAA, las más altas en la escala, radicaba en que estas garantizaban, en teoría, la seguridad y estabilidad de los instrumentos financieros, colocándolos en el mismo nivel de confianza que los bonos del Tesoro de los Estados Unidos. Para los inversores institucionales, como fondos de pensiones, aseguradoras y bancos, adquirir productos con esta calificación era una manera de cumplir con regulaciones que les exigían invertir en activos de bajo riesgo. Por lo tanto, las altas calificaciones no solo facilitaban la distribución de estos productos en el mercado, sino que también legitimaban su proliferación en los portafolios de inversión más conservadores.

El problema radicaba en cómo se construían estas calificaciones. Los modelos utilizados por las agencias dependían en gran medida de datos históricos y suposiciones optimistas sobre el comportamiento del mercado inmobiliario. Se asumía, por ejemplo, que los precios de las viviendas seguirían aumentando y que las tasas de incumplimiento en las hipotecas permanecerían bajas. Esta confianza en tendencias pasadas ignoraba las señales de advertencia emergentes, como el aumento en la emisión de hipotecas de alto riesgo y la relajación de los estándares crediticios.

La complejidad de los productos financieros también desempeñó un papel crucial. Los CDO, por ejemplo, estaban compuestos por tramos de diferentes niveles de riesgo, y su evaluación requería un profundo conocimiento de las hipotecas subyacentes y de las interacciones entre los distintos tramos. Sin embargo, las agencias utilizaron métodos simplificados que subestimaron el riesgo sistémico y la correlación entre los activos. En muchos casos, las calificaciones altas fueron otorgadas a productos que contenían una proporción significativa de hipotecas subprime, disfrazando su verdadera naturaleza y riesgo.

A medida que el mercado inmobiliario comenzó a mostrar signos de debilidad, las fallas en estas evaluaciones se hicieron evidentes. Los incumplimientos hipotecarios afectaron desproporcionadamente a los tramos supuestamente seguros de los CDO y a los MBS con calificaciones altas, revelando que las metodologías empleadas no habían capturado adecuadamente los riesgos inherentes. Los inversores, que habían confiado en las calificaciones como una medida objetiva del riesgo, se encontraron con activos cuyo valor colapsó en cuestión de meses.

La falta de independencia de estas agencias también fue un factor que amplificó el problema. En lugar de actuar como guardianes del sistema financiero, las agencias se convirtieron en participantes activos del mismo, alineando sus intereses con los de los emisores de los productos financieros. Esto fue especialmente evidente en la práctica de "calificaciones a medida", donde los bancos colaboraban con las agencias para estructurar productos que cumplieran con los criterios necesarios para obtener las calificaciones deseadas. Este proceso no solo comprometía la integridad de las evaluaciones, sino que también alimentaba la proliferación de productos cada vez más riesgosos y complejos.

El impacto de estas prácticas fue significativo y de largo alcance. Las calificaciones infladas contribuyeron a la expansión del mercado de derivados y valores respaldados por hipotecas, creando una falsa sensación de seguridad que permitió que el apalancamiento y el riesgo sistémico crecieran sin control. Además, al legitimar productos de dudosa calidad, las agencias facilitaron la transmisión del riesgo desde los bancos emisores hacia una amplia gama de inversores globales, aumentando la vulnerabilidad del sistema financiero en su conjunto.

La relación simbiótica entre las agencias y los emisores también reflejó un problema más amplio en el sistema financiero: la falta de incentivos para cuestionar el statu quo. Mientras los mercados continuaran funcionando y las ganancias siguieran creciendo, no había presión significativa para reformar un sistema que estaba generando beneficios para las partes involucradas. Este contexto de complacencia e intereses alineados sentó las bases para un colapso que, aunque predecible en retrospectiva, fue ignorado por quienes tenían la capacidad y la responsabilidad de intervenir.

El colapso de la confianza en las agencias calificadoras tras la crisis financiera de 2008 fue un golpe devastador para estas entidades, cuya reputación como árbitros neutrales del riesgo crediticio quedó profundamente comprometida. La pérdida de credibilidad no solo erosionó la confianza de inversores y reguladores, sino que también cuestionó la viabilidad de su modelo de negocio y su papel en el sistema financiero global. Restaurar esa confianza se convirtió en una tarea monumental que implicó reformas regulatorias, cambios estructurales y un largo proceso de reconstrucción de su imagen pública.

Uno de los primeros pasos hacia la recuperación fue la implementación de nuevas normativas diseñadas para abordar los conflictos de interés inherentes al modelo de "pago por calificación". En Estados Unidos, la Ley Dodd-Frank de Reforma de Wall Street y Protección al Consumidor, promulgada en 2010, incluyó disposiciones específicas destinadas a aumentar la transparencia y la responsabilidad de estas agencias. Entre otras medidas, la ley obligó a las calificadoras a divulgar más información sobre sus metodologías y procesos de evaluación, así como a establecer mecanismos internos para evitar la influencia indebida de los emisores en sus decisiones.
Sin embargo, estas reformas no fueron suficientes para disipar completamente las dudas sobre la imparcialidad de las agencias. Muchas voces críticas argumentaron que, aunque se habían introducido salvaguardas adicionales, el modelo de negocio básico no había cambiado de manera fundamental. Las agencias seguían dependiendo de los honorarios pagados por los emisores, lo que continuaba generando incentivos para otorgar calificaciones favorables. Este escepticismo persistente dificultó los esfuerzos por restaurar la confianza en su labor.

En un intento por mejorar su imagen, las principales calificadoras también llevaron a cabo iniciativas internas de reforma. Esto incluyó la revisión de sus metodologías, la incorporación de nuevos datos y modelos más sofisticados, así como el fortalecimiento de los controles internos. Estas medidas pretendían demostrar que las agencias estaban comprometidas con la mejora de sus prácticas y con la recuperación de su papel como actores confiables en el mercado financiero.

A pesar de estos esfuerzos, el daño a su reputación se tradujo en importantes costos económicos y legales. Las agencias enfrentaron múltiples demandas por parte de inversores y gobiernos que las acusaron de negligencia y mala conducta. En 2015, Standard & Poor's llegó a un acuerdo con el Departamento de Justicia de los Estados Unidos por un monto de $1,375 millones, mientras que Moody's acordó pagar $864 millones en 2017 para resolver acusaciones similares. Estos acuerdos, aunque significativos, representaron solo una fracción de los costos totales asociados con la crisis y no lograron borrar por completo las críticas a las prácticas pasadas de las agencias.

Además de los costos financieros directos, las agencias también tuvieron que enfrentar una mayor competencia en un mercado que comenzó a explorar alternativas a sus servicios tradicionales. Algunos inversores y reguladores promovieron la creación de nuevas agencias calificadoras independientes y sin fines de lucro, con el objetivo de ofrecer evaluaciones más objetivas y menos influenciadas por los intereses comerciales. Si bien estas iniciativas no han desplazado a las principales calificadoras del mercado, han contribuido a diversificar las fuentes de información y a aumentar la presión sobre las agencias establecidas para mejorar su desempeño.

El proceso de reconstrucción de la confianza también implicó un cambio en la percepción pública sobre el papel de las calificadoras. Antes de la crisis, estas entidades eran vistas como pilares del sistema financiero, cuyas evaluaciones eran consideradas virtualmente infalibles. Tras el colapso, se hizo evidente que sus calificaciones debían ser interpretadas como una opinión más dentro de un conjunto de herramientas de análisis de riesgo. Este cambio de perspectiva ayudó a moderar las expectativas sobre su desempeño y a reducir su influencia desproporcionada en los mercados.

Aunque las calificadoras han logrado en parte recuperar su posición en el mercado, el camino hacia la restauración total de la confianza ha sido largo y complejo. Las lecciones aprendidas de esta experiencia han llevado a una mayor vigilancia por parte de reguladores e inversores, así como a una discusión continua sobre cómo garantizar que estas entidades desempeñen su papel de manera efectiva y responsable en el futuro.

6 – El exceso de apalancamiento

El apalancamiento financiero fue una de las fuerzas más determinantes en la intensificación de los riesgos que culminaron en la crisis financiera de 2008. Este concepto, que podría definirse de manera sencilla como el uso de deuda para financiar inversiones, es una herramienta habitual en el mundo financiero. Su atractivo radica en que permite a las instituciones obtener mayores retornos sobre el capital propio al ampliar el volumen de activos que pueden adquirir. Sin embargo, este mismo mecanismo también multiplica las pérdidas potenciales, convirtiéndolo en un arma de doble filo.

Durante los años previos a la crisis, muchas de las principales instituciones financieras del mundo operaban con niveles extremadamente elevados de apalancamiento. Para entender esto, es importante visualizar cómo funciona: si un banco tiene $10 millones en capital propio y pide prestados $90 millones, puede realizar inversiones por un total de $100 millones. Si esas inversiones generan una rentabilidad del 5%, el banco obtiene $5 millones en ganancias. Como su capital inicial era de $10 millones, esto equivale a un retorno del 50%. Sin embargo, si esas inversiones pierden un 5% de su valor, las pérdidas también equivalen a $5 millones, eliminando completamente el capital inicial del banco.

El atractivo del apalancamiento se derivaba en gran medida de un entorno de bajos tipos de interés y una aparente estabilidad económica, que animaron a las instituciones financieras a asumir más riesgos. Los bancos y otros actores financieros confiaban en que los precios de los activos, especialmente los relacionados con el mercado inmobiliario, continuarían subiendo indefinidamente. Esto los llevó a incrementar sus posiciones apalancadas, adquiriendo grandes cantidades de instrumentos financieros como valores respaldados por hipotecas (MBS) y obligaciones de deuda garantizadas (CDO).

Un aspecto que amplificó el impacto del apalancamiento fue el uso de mecanismos adicionales para obtener financiamiento, como los repos (acuerdos de recompra), que permitían a las instituciones financieras utilizar sus activos como garantía para tomar préstamos a corto plazo. Estos préstamos se renovaban continuamente, creando un ciclo de dependencia que los hacía extremadamente vulnerables a cualquier interrupción en el mercado. Si los precios de los activos comenzaban a caer, el valor de la garantía también disminuía, obligando a las instituciones a aportar más colateral o a liquidar activos a precios desfavorables, lo que exacerbaba las caídas en el mercado.

El grado de apalancamiento en algunas instituciones era tan alto que bastaban pérdidas relativamente pequeñas en sus carteras para poner en peligro su estabilidad. Por ejemplo, entidades como Lehman Brothers y Bear Stearns llegaron a operar con ratios de apalancamiento superiores a 30 a 1, es decir, por cada dólar de capital propio, tenían $30 en deuda. En estas condiciones, una pérdida de tan solo el 3% en el valor de sus activos era suficiente para borrar completamente su capital, dejando a los acreedores y al sistema financiero expuestos a riesgos masivos.

Además, la complejidad y opacidad de muchos de los productos financieros adquiridos con este apalancamiento dificultaron que los inversores, reguladores e incluso las propias instituciones entendieran plenamente los riesgos que estaban asumiendo. Los modelos utilizados para evaluar estos riesgos a menudo se basaban en suposiciones optimistas y datos históricos que no contemplaban escenarios de tensión severa. Esto creó una falsa sensación de seguridad, llevando a las instituciones a tomar decisiones que, en retrospectiva, resultaron desastrosas.

Cuando el mercado inmobiliario comenzó a deteriorarse y las hipotecas subprime empezaron a incumplirse, las consecuencias del apalancamiento se hicieron evidentes. Las instituciones financieras se encontraron con activos cuyo valor se desplomaba rápidamente, mientras que sus obligaciones de deuda seguían siendo las mismas. Esto provocó una cadena de ventas de activos en pérdida, en un intento por cumplir con las demandas de colateral y reducir los riesgos, lo que a su vez alimentó la caída de los precios y amplificó la crisis.

El apalancamiento también tuvo un impacto significativo más allá de las instituciones financieras individuales. La interconexión del sistema financiero global significaba que las dificultades de una entidad podían propagarse rápidamente a otras. Los bancos que dependían del financiamiento a corto plazo se enfrentaron a una evaporación repentina de la liquidez, mientras que las pérdidas en las instituciones altamente apalancadas erosionaron la confianza en el sistema en su conjunto, desencadenando un efecto dominó que contribuyó al colapso generalizado.

7 – Políticas de tasas de interés bajas

La política monetaria de la Reserva Federal (FED) tras la crisis de las puntocom y los atentados del 11 de septiembre de 2001 desempeñó un papel crucial en la configuración del entorno económico que precedió a la crisis financiera de 2008. En respuesta a estos eventos, que provocaron una desaceleración económica significativa y un clima de incertidumbre, la FED adoptó una postura expansiva, reduciendo las tasas de interés a niveles históricamente bajos con el objetivo de estimular la actividad económica y restaurar la confianza en los mercados.

La reducción de las tasas de interés por parte de la FED respondía a varias razones fundamentales. En primer lugar, tras el estallido de la burbuja de las empresas tecnológicas a finales de la década de 1990, conocido como la crisis de las punto com, que marcó el final de la década de 1990 y principios de los años 2000, fue un episodio crucial en la historia económica moderna. Surgió como una consecuencia directa del auge de las empresas tecnológicas, impulsado por la revolución de internet y las expectativas desmedidas de los inversores. Para entender completamente esta crisis, es necesario remontarse a sus orígenes y examinar los factores que contribuyeron a su formación.

El inicio de la década de 1990 fue testigo de un avance tecnológico sin precedentes, particularmente en el ámbito de la informática y las telecomunicaciones. La proliferación de internet y su creciente accesibilidad prometían transformar la economía global y la vida cotidiana. Esta visión de un futuro conectado generó un entusiasmo masivo entre los inversores, quienes veían en las empresas tecnológicas, especialmente aquellas vinculadas a internet, una oportunidad única de obtener ganancias extraordinarias. Comenzó así un flujo de capital masivo hacia este sector, financiando startups y compañías con modelos de negocio innovadores, aunque frecuentemente poco sólidos.

Durante este periodo, el mercado bursátil experimentó un crecimiento vertiginoso, liderado por el índice Nasdaq, que llegó a convertirse en el termómetro de la revolución tecnológica. Las ofertas públicas iniciales (IPO) de empresas tecnológicas se multiplicaron, atrayendo tanto a grandes inversores como a pequeños ahorradores que querían aprovechar el auge. Sin embargo, muchas de estas empresas carecían de fundamentos económicos sólidos. En lugar de enfocarse en la rentabilidad, se centraban en la adquisición de usuarios y en ganar participación de mercado, bajo la premisa de que el crecimiento exponencial eventualmente generaría beneficios.

El acceso al capital fue facilitado por la política monetaria favorable de la Reserva Federal, que mantuvo tasas de interés relativamente bajas durante gran parte de los años 90. Esto permitió que los inversores tomaran riesgos más grandes y financiasen proyectos que, en otros contextos, habrían sido considerados demasiado especulativos. Además, los mercados financieros experimentaron una desregulación significativa durante esta época, lo que facilitó la entrada de nuevos actores y productos financieros que alimentaron la burbuja.

El optimismo desenfrenado también se reflejaba en los medios de comunicación y en las recomendaciones de analistas financieros, quienes promocionaban a las empresas tecnológicas como el futuro inevitable de la economía. Este fenómeno creó una mentalidad de "miedo a quedarse fuera" (FOMO, por sus siglas en inglés), donde los inversores estaban dispuestos a comprar acciones a precios cada vez más altos, independientemente de los fundamentos subyacentes de las compañías.

Sin embargo, a medida que avanzaba el tiempo, comenzaron a aparecer grietas en este panorama aparentemente ideal. Muchas de las empresas tecnológicas no lograban alcanzar la rentabilidad prometida, y sus modelos de negocio empezaron a ser cuestionados. En particular, las startups de internet, conocidas como punto com, enfrentaban dificultades para convertir su popularidad en ingresos sostenibles. La dependencia de la publicidad en línea y de otras fuentes de ingresos volátiles exacerbaba sus problemas financieros.

El colapso comenzó a gestarse a finales del año 2000, cuando los inversores empezaron a perder confianza en las empresas tecnológicas. Una serie de resultados financieros decepcionantes, combinados con un ajuste en la política monetaria de la FED, que había comenzado a subir las tasas de interés, contribuyeron a un cambio abrupto en el sentimiento del mercado. Los precios de las acciones comenzaron a caer, y el Nasdaq, que había alcanzado su pico en marzo de 2000, perdió más del 75% de su valor en los años siguientes.

La caída de los precios afectó especialmente a las empresas más pequeñas y menos consolidadas, muchas de las cuales terminaron en bancarrota. Entre las más emblemáticas se encontraban Pets.com y Webvan, que habían sido promovidas como ejemplos del potencial de la nueva economía pero que carecían de ingresos suficientes para sostener sus operaciones. Incluso gigantes tecnológicos como Amazon.com vieron cómo sus acciones se desplomaban, aunque lograron sobrevivir gracias a su modelo de negocio más robusto y su capacidad de adaptarse a las nuevas circunstancias.

Las repercusiones de la crisis no se limitaron al sector tecnológico. El colapso de la burbuja provocó una pérdida masiva de riqueza para los inversores, lo que a su vez afectó al consumo y a la confianza en la economía en general. Miles de trabajadores en empresas tecnológicas perdieron sus empleos, y muchas comunidades que habían dependido del auge tecnológico enfrentaron dificultades económicas significativas. Además, la quiebra de numerosas startups dejó un legado de desconfianza hacia las inversiones en empresas jóvenes y en nuevos modelos de negocio.

La crisis de las punto com también expuso problemas estructurales en los mercados financieros, incluyendo el papel de los analistas bursátiles y las agencias de calificación, que a menudo sobrevaloraban las acciones tecnológicas en función de sus propios intereses. Este episodio subrayó la necesidad de una mayor transparencia y responsabilidad en la industria financiera, aunque muchos de los cambios regulatorios necesarios no se implementaron hasta después de la crisis financiera de 2008.

En última instancia, la crisis de las punto com sirvió como una lección sobre los peligros de la especulación desenfrenada y la importancia de evaluar los fundamentos económicos en lugar de sucumbir al entusiasmo del mercado. Si bien el sector tecnológico se recuperaría eventualmente y demostraría ser un motor clave de la economía global, la burbuja y su colapso dejaron una huella indeleble en la percepción de los riesgos asociados con las inversiones especulativas.

En segundo lugar, los atentados del 11 de septiembre de 2001 supusieron un golpe inesperado y devastador para la economía estadounidense.

El 11 de septiembre de 2001 quedó grabado en la memoria colectiva como un día de tragedia y transformación, un momento que redefinió el curso de la historia reciente y que expuso de manera desgarradora la vulnerabilidad de un mundo interconectado. Aquel día, la ciudad de Nueva York, el Pentágono y un tranquilo campo en Pensilvania se convirtieron en escenarios de una catástrofe inimaginable, cuyas repercusiones se sentirían en todos los rincones del planeta. La magnitud de los ataques, tanto en términos de pérdida humana como de impacto emocional, dejó una huella imborrable en la conciencia global.

El contexto que precedió al 11-S estuvo marcado por señales inquietantes que, con el tiempo, han sido objeto de análisis y debate. Diversos informes y comunicaciones internas dentro de agencias de inteligencia internacionales habían señalado una intensificación en las amenazas de ataques contra intereses estadounidenses. Estas advertencias, dispersas y fragmentadas, formaban parte de un rompecabezas que nunca llegó a completarse a tiempo. A pesar de los esfuerzos de vigilancia y contrainteligencia, las amenazas se concretaron en un acto que desafió toda previsión, revelando tanto las limitaciones de los sistemas de seguridad como la audacia de aquellos que buscaban sembrar el terror.

La mañana del 11 de septiembre comenzó como cualquier otra en la ciudad que nunca duerme. El cielo despejado y la actividad cotidiana pintaban un cuadro de normalidad, hasta que los primeros informes interrumpieron la rutina con noticias de un avión impactando una de las torres del World Trade Center. La confusión inicial dio paso al horror cuando un segundo avión golpeó la torre sur, confirmando que no se trataba de un accidente, sino de un ataque deliberado. Las imágenes de las torres envueltas en humo y fuego se transmitieron en tiempo real, marcando un punto de inflexión en la forma en que el mundo experimentaba y procesaba la tragedia.

La sensación de incredulidad se extendió rápidamente. En el Pentágono, símbolo del poderío militar de Estados Unidos, un tercer avión impactó con fuerza, llevándose consigo vidas y demostrando que incluso los bastiones más resguardados no eran inmunes a este tipo de agresiones. Un cuarto avión, cuyo objetivo se presume que era el Capitolio o la Casa Blanca, fue desviado de su curso gracias al heroísmo de los pasajeros a bordo, quienes enfrentaron el peligro con una valentía indescriptible. Este último avión se estrelló en un campo en Pensilvania, dejando tras de sí un legado de sacrificio y resistencia frente a lo inevitable.

El impacto inmediato de los ataques fue devastador. En cuestión de horas, las icónicas torres gemelas colapsaron, enterrando bajo sus escombros a miles de personas y a las ilusiones de invulnerabilidad de una nación. Los servicios de emergencia, las fuerzas de seguridad y los ciudadanos comunes se unieron en un esfuerzo titánico por rescatar a los sobrevivientes y atender a los heridos, mientras el polvo y el caos envolvían la ciudad. En medio de esta destrucción, surgieron innumerables actos de altruismo y solidaridad que subrayaron la humanidad compartida incluso en los momentos más oscuros.

El miedo y la desconfianza se propagaron rápidamente más allá de las fronteras de Estados Unidos. El ataque no solo expuso una vulnerabilidad física, sino también psicológica, alterando profundamente la percepción del riesgo y de la seguridad en todo el mundo. Los aeropuertos se convirtieron en escenarios de estrictas medidas de control, mientras que las comunidades internacionales comenzaron a reevaluar sus propias estrategias de seguridad. Las tensiones sociales se intensificaron, alimentadas por la incertidumbre y por la búsqueda de responsables en un entorno de creciente polarización.

La sensación de que "todo había cambiado" fue compartida por millones de personas. En los días y semanas que siguieron, la economía global sintió los efectos del ataque. Los mercados financieros experimentaron caídas drásticas, y sectores como el transporte aéreo y el turismo enfrentaron una crisis sin precedentes. En un mundo que dependía cada vez más de la confianza mutua para sostener el comercio y la cooperación internacional, el 11 de septiembre sembró una semilla de desconfianza que tardaría años en disiparse.

Pero más allá de las cifras y las consecuencias tangibles, el ataque dejó una marca emocional profunda. La imagen de las torres desplomándose, los rostros de quienes buscaban desesperadamente a sus seres queridos y los relatos de aquellos que vivieron para contar su experiencia resonaron en la conciencia colectiva. Los eventos de ese día no solo redefinieron la política y la seguridad, sino que también plantearon preguntas fundamentales sobre la fragilidad de la vida y la capacidad de la humanidad para enfrentarse al miedo con resiliencia.

El 11 de septiembre fue un recordatorio brutal de las tensiones y desigualdades subyacentes en un mundo globalizado. La interconexión que facilitó la expansión económica y cultural también se convirtió en un vector para el conflicto y la destrucción. En un instante, la aparente fortaleza de las estructuras sociales y económicas se desmoronó, dejando al descubierto las complejidades de un mundo donde los actos individuales podían tener repercusiones globales.

Además, en términos más amplios, la política de tasas bajas también reflejaba un compromiso de la FED con su mandato dual: maximizar el empleo y mantener la estabilidad de los precios. En ese momento, los riesgos de deflación se percibían como una amenaza significativa, especialmente en un contexto global donde otros países también enfrentaban desafíos económicos. Reducir las tasas de interés se consideraba una herramienta esencial para combatir la debilidad de la demanda agregada y evitar un estancamiento económico prolongado similar al que Japón había experimentado en la década de 1990.

Esta estrategia se centró en bajar la tasa de los fondos federales, el principal instrumento de política monetaria de la FED, a niveles sin precedentes. A partir del año 2001, las tasas se recortaron progresivamente desde un 6,5% hasta alcanzar el 1% en junio de 2003, un nivel que se mantuvo durante aproximadamente un año. La lógica detrás de estas medidas era fomentar el consumo y la inversión al reducir el costo del crédito, un enfoque que, en el corto plazo, logró reactivar la economía y evitar una recesión más profunda.

Sin embargo, estas tasas de interés bajas también tuvieron consecuencias no deseadas que, con el tiempo, contribuyeron a la acumulación de desequilibrios en el sistema financiero. En primer lugar, incentivaron una expansión masiva del crédito, ya que los costos reducidos de los préstamos facilitaron el acceso a financiamiento tanto para los consumidores como para las empresas. Esto se tradujo en un aumento significativo del endeudamiento a nivel general, especialmente en el sector inmobiliario, donde las hipotecas se volvieron cada vez más asequibles.

El crédito barato también alimentó la especulación en los mercados financieros y de bienes raíces. Con el costo del dinero en niveles tan bajos, los inversores buscaron alternativas que ofrecieran mayores rendimientos, lo que llevó a un aumento en la demanda de activos como viviendas y productos financieros complejos. Este fenómeno contribuyó al crecimiento descontrolado de los precios inmobiliarios y a la proliferación de instrumentos como los valores respaldados por hipotecas (MBS) y las obligaciones de deuda garantizadas (CDO), que se percibían como inversiones seguras y altamente rentables.

Además, las tasas de interés reducidas tuvieron un efecto directo en las decisiones de los bancos y otras instituciones financieras. Con márgenes de ganancia comprimidos en un entorno de bajos intereses, estas entidades buscaron incrementar su rentabilidad asumiendo mayores riesgos. Esto incluyó el otorgamiento de préstamos a prestatarios con perfiles crediticios más débiles, dando lugar a la expansión del mercado de hipotecas subprime. La percepción generalizada de que los precios de las viviendas continuarían subiendo respaldó esta dinámica, creando una burbuja especulativa que, eventualmente, sería insostenible.

El entorno de tasas bajas también incentivó el apalancamiento excesivo, tanto en el sector financiero como en el no financiero. Las instituciones financieras utilizaron el crédito barato para aumentar sus carteras de activos y maximizar sus retornos, sin considerar plenamente los riesgos asociados. Este comportamiento fue facilitado por la falta de supervisión adecuada y por un exceso de confianza en que las condiciones favorables se mantendrían indefinidamente.

Otro aspecto relevante es cómo esta política monetaria influyó en las expectativas de los actores económicos. Los bajos costos de endeudamiento generaron un optimismo generalizado sobre el futuro de la economía, alentando a los consumidores a gastar más y a las empresas a expandirse agresivamente. Esta psicología del mercado alimentó un ciclo de retroalimentación positiva, en el que el crecimiento de los precios de los activos y el aumento del endeudamiento se reforzaban mutuamente, contribuyendo a la acumulación de riesgos sistémicos.

La FED, aunque consciente de algunos de estos riesgos, justificó su enfoque argumentando que las tasas bajas eran necesarias para evitar un estancamiento prolongado y que la inflación seguía bajo control. Sin embargo, la persistencia de esta política durante varios años permitió que las distorsiones en el sistema financiero se profundizaran, creando las condiciones para una crisis de gran magnitud. Además, cuando la FED finalmente comenzó a subir las tasas de interés en 2004, el ajuste fue relativamente gradual y no logró frenar de manera efectiva la burbuja inmobiliaria que ya estaba en pleno apogeo.

El impacto de estas decisiones se extendió más allá de Estados Unidos, ya que la política monetaria de la FED también influyó en los flujos de capital globales. Los inversores extranjeros, atraídos por los rendimientos de los activos estadounidenses, contribuyeron a la expansión del crédito y al aumento de los precios de los activos, amplificando los desequilibrios en el sistema financiero internacional.

8 – Auge de la burbuja inmobiliaria

Entre los años 2000 y 2006, Estados Unidos y otras partes del mundo occidental experimentaron un aumento vertiginoso en los precios de las viviendas, un fenómeno que sería un precursor crítico de la crisis financiera de 2008. Este incremento en el valor de los inmuebles, a menudo descrito como una burbuja inmobiliaria, fue impulsado por una combinación de factores que involucraron tanto a instituciones financieras como a las políticas gubernamentales, junto con el comportamiento de los consumidores y la especulación desenfrenada en el mercado.

En la base de esta escalada se encontraba el acceso fácil al crédito. Durante esos años, las tasas de interés se mantuvieron inusualmente bajas, una política impulsada principalmente por la Reserva Federal tras el estallido de la burbuja de las punto com y los ataques del 11 de septiembre. Con las tasas de interés bajas, el costo de los préstamos hipotecarios disminuyó significativamente, lo que incentivó a millones de estadounidenses a comprar viviendas, ya sea como residencia o como inversión. Además, las instituciones financieras ofrecían productos hipotecarios cada vez más accesibles, como las hipotecas de tasa ajustable, que ofrecían pagos iniciales bajos a cambio de futuros ajustes en las tasas. Estas hipotecas, que inicialmente parecían una oportunidad para ingresar al mercado inmobiliario, se convirtieron en trampas financieras para muchos cuando las tasas comenzaron a subir.

El entorno de crédito fácil también fue alimentado por el relajamiento de los estándares de préstamo. Los bancos y otras instituciones financieras comenzaron a otorgar préstamos a individuos con historiales crediticios cuestionables, un fenómeno que se conoce como el auge del crédito subprime. Estos préstamos de alto riesgo eran empaquetados y vendidos como valores respaldados por hipotecas (MBS) a inversores de todo el mundo, lo que creó un círculo vicioso de demanda de nuevas hipotecas. Cuanto más se vendían estos productos financieros, más se incentivaba la emisión de hipotecas, independientemente de la capacidad real de los prestatarios para pagarlas.

La especulación también desempeñó un papel crucial en este aumento de precios. Muchas personas comenzaron a comprar propiedades no con la intención de habitarlas, sino como una inversión a corto plazo, confiando en que los precios seguirían subiendo indefinidamente. Este comportamiento especulativo fue fomentado por la percepción generalizada de que los bienes raíces eran una inversión segura, respaldada por una narrativa popular que afirmaba que los precios de las viviendas "siempre suben". Esta creencia llevó a una fiebre de compra, con individuos adquiriendo propiedades para venderlas rápidamente y obtener ganancias sustanciales.

En las áreas metropolitanas más codiciadas, esta dinámica llevó a una competencia feroz por las propiedades disponibles, lo que impulsó aún más los precios. En algunos casos, los compradores ofrecían precios por encima del valor de tasación simplemente para asegurarse de obtener la propiedad deseada. Esto resultó en una desconexión entre los precios de las viviendas y los fundamentos económicos, como los ingresos promedio de los hogares. En otras palabras, las viviendas se volvieron cada vez menos asequibles para las familias trabajadoras, pero esto no detuvo el frenesí, ya que los préstamos seguían siendo accesibles.

Además, los constructores y desarrolladores inmobiliarios aprovecharon la creciente demanda para construir nuevos proyectos residenciales a un ritmo acelerado. Suburbios enteros comenzaron a surgir en áreas previamente rurales, y los desarrolladores a menudo construían viviendas de lujo en lugar de propiedades asequibles, buscando maximizar sus márgenes de beneficio. Sin embargo, esta sobreproducción no estaba alineada con una demanda real y sostenible, sino con la demanda especulativa que dependía de la continuación del aumento de los precios.

El papel de las instituciones financieras y los incentivos económicos no puede ser subestimado. Los bancos, motivados por las ganancias que generaban los productos financieros derivados de las hipotecas, tenían poco interés en evaluar la solvencia de los prestatarios. En lugar de mantener las hipotecas en sus libros, las empaquetaban en productos financieros complejos que se vendían a otros inversores, transfiriendo así el riesgo. Este modelo de "originar y distribuir" permitió que los bancos se desligaran de las consecuencias de los préstamos de alto riesgo, lo que incentivó prácticas cada vez más laxas en la concesión de créditos.

Paralelamente, los medios de comunicación y los analistas financieros promovieron la narrativa de un mercado inmobiliario en auge interminable, reforzando las expectativas de que los precios seguirían aumentando. Esto alimentó una mentalidad de "compra ahora antes de que sea demasiado tarde", lo que llevó a muchos a endeudarse más allá de sus posibilidades con la esperanza de obtener una ganancia rápida.

El resultado de todos estos factores fue un mercado inmobiliario que parecía prosperar, pero que en realidad estaba construido sobre bases inestables. A medida que los precios de las viviendas subían, la deuda hipotecaria en manos de los hogares estadounidenses alcanzaba niveles récord. Muchas familias se endeudaron considerablemente para comprar propiedades, mientras que otras, ya propietarias, aprovecharon el aumento del valor de sus viviendas para refinanciar sus hipotecas y extraer capital, utilizando los fondos para financiar gastos de consumo. Esto creó una economía que dependía en gran medida de la apreciación continua de los precios de los inmuebles.
Sin embargo, como ocurre con todas las burbujas, este crecimiento no podía mantenerse indefinidamente. Los precios de las viviendas

eventualmente alcanzaron un punto en el que se desconectaron por completo de los ingresos y la capacidad de pago de los compradores promedio. Cuando las tasas de interés comenzaron a subir nuevamente, el costo de las hipotecas aumentó, lo que dificultó a muchas familias cumplir con sus pagos. La ola de impagos y ejecuciones hipotecarias que siguió marcó el inicio del colapso del mercado inmobiliario, cuyos efectos repercutieron en todo el sistema financiero global.

9 - Falta de supervisión internacional

La incapacidad de los reguladores globales para mantenerse al día con la creciente complejidad de los mercados financieros y las operaciones transfronterizas fue un factor determinante en la acumulación de riesgos que llevaron a la crisis financiera de 2008. Este fenómeno no fue un simple fracaso aislado, sino el resultado de una combinación de factores estructurales, políticos y económicos que dejaron a los sistemas de regulación mal equipados para afrontar los desafíos de un mundo financiero en rápida evolución.

Durante las últimas décadas del siglo XX, los mercados financieros se transformaron radicalmente. La globalización económica y el avance de la tecnología permitieron un crecimiento exponencial en el comercio internacional, las inversiones transfronterizas y el desarrollo de instrumentos financieros complejos. Entre estos instrumentos, los valores respaldados por hipotecas (MBS), las obligaciones de deuda garantizadas (CDO) y los swaps de incumplimiento crediticio (CDS) jugaron un papel central. Aunque estas innovaciones prometían diversificación y mayores retornos, también introdujeron una opacidad y una interconexión sin precedentes en el sistema financiero.

Los reguladores, sin embargo, operaban bajo estructuras y paradigmas que no habían evolucionado al mismo ritmo. Muchas de las normativas financieras estaban diseñadas para un mundo en el que los bancos nacionales actuaban principalmente dentro de sus propias fronteras y en el que los productos financieros eran relativamente simples. En este contexto, los organismos reguladores carecían de las herramientas necesarias para supervisar y evaluar adecuadamente los riesgos asociados con las operaciones transfronterizas y los productos derivados complejos.

Además, la fragmentación del sistema regulador global complicaba aún
más la tarea. Los mercados financieros estaban supervisados por una
multitud de entidades nacionales e internacionales, cada una con su
propio conjunto de reglas y prioridades. En Estados Unidos, por
ejemplo, la regulación estaba dividida entre agencias como la Comisión
de Bolsa y Valores (SEC), la Reserva Federal y la Oficina del Contralor
de la Moneda (OCC), entre otras. Esta falta de coordinación permitió
que las instituciones financieras aprovecharan las lagunas regulatorias
y movieran sus operaciones hacia jurisdicciones con regulaciones más
laxas.

Un claro ejemplo de esta fragmentación fue la proliferación de los
vehículos de propósito especial (SPV) y las operaciones fuera del
balance, utilizadas por los bancos para transferir riesgos y evadir
requisitos de capital. Estas prácticas no solo dificultaron la evaluación
precisa del riesgo sistémico, sino que también contribuyeron a una
sensación falsa de estabilidad. Los reguladores, atrapados en un marco
conceptual anticuado, subestimaron la magnitud de la exposición
acumulada dentro del sistema.

El problema se agravó por la influencia de las grandes instituciones
financieras en el proceso legislativo y regulador. Muchas de estas
empresas, respaldadas por poderosos grupos de presión, abogaron por
una menor regulación bajo el argumento de que las restricciones
obstaculizaban la innovación y la competitividad global. Este discurso
encontró terreno fértil en un clima político favorable a la desregulación,
especialmente en Estados Unidos y Europa, donde los legisladores
buscaban estimular el crecimiento económico tras las crisis de las punto
com y el 11-S.
Otro factor clave fue la falta de recursos y capacidades técnicas en los
organismos reguladores. Mientras que las instituciones financieras
contaban con equipos de analistas y especialistas altamente capacitados
para desarrollar y gestionar instrumentos complejos, los reguladores a

menudo carecían del personal y la experiencia técnica para comprender plenamente estas innovaciones. Como resultado, dependían en gran medida de las agencias calificadoras para evaluar el riesgo de los productos financieros, un sistema que, como se ha discutido previamente, estaba profundamente viciado por conflictos de interés.

La falta de supervisión efectiva también se reflejó en la escasa cooperación internacional. A pesar de los esfuerzos de organizaciones como el Banco de Pagos Internacionales (BIS) y el Comité de Supervisión Bancaria de Basilea, los países no lograron implementar de manera uniforme estándares globales como Basilea II. En muchos casos, las discrepancias en la aplicación de estas normativas crearon incentivos para que las instituciones financieras trasladaran sus operaciones a jurisdicciones con menor supervisión, exacerbando los desequilibrios y aumentando el riesgo sistémico.

Las consecuencias de este desajuste regulador fueron devastadoras. A medida que los riesgos se acumulaban sin ser detectados ni mitigados, el sistema financiero global se volvió cada vez más vulnerable a choques. La complejidad de las interconexiones entre instituciones significaba que el colapso de una entidad podía desencadenar un efecto dominó, como se evidenció en la caída de Lehman Brothers. Además, la falta de supervisión adecuada permitió que las burbujas especulativas, como la del mercado inmobiliario, crecieran sin control, amplificando el impacto de su eventual estallido.

Cuando la crisis finalmente estalló, los reguladores se encontraron en una posición reactiva, luchando por contener el daño en lugar de prevenirlo. La falta de preparación y coordinación complicó los esfuerzos para estabilizar el sistema, mientras que la pérdida de confianza en las instituciones financieras y los organismos reguladores profundizó la crisis. Este episodio dejó al descubierto no solo las deficiencias técnicas y estructurales de los marcos regulatorios, sino también las profundas consecuencias de subestimar los riesgos en un mundo financiero cada vez más interconectado y complejo.

El Banco de Pagos Internacionales (BIS, por sus siglas en inglés) es una institución internacional con sede en Basilea, Suiza, que desempeña un papel fundamental en la cooperación monetaria y financiera global. Fundado en 1930, inicialmente para facilitar las reparaciones de guerra de Alemania después de la Primera Guerra Mundial, el BIS ha evolucionado hasta convertirse en un foro clave para los bancos centrales y otras autoridades monetarias. Su principal objetivo es promover la estabilidad financiera global mediante la coordinación de políticas y el intercambio de información entre los países miembros.

El BIS opera como un banco para los bancos centrales, ofreciendo servicios financieros que incluyen la gestión de reservas internacionales, transacciones en moneda extranjera y asesoramiento sobre políticas monetarias. Aunque no tiene autoridad regulatoria directa, su influencia en el sistema financiero global es considerable debido a su papel como facilitador de acuerdos internacionales y su capacidad para reunir a los principales actores del sistema financiero.

En este contexto, el Comité de Supervisión Bancaria de Basilea, establecido en 1974 bajo los auspicios del BIS, desempeña un papel crucial. Este comité fue creado en respuesta a las quiebras bancarias internacionales que ocurrieron durante la década de 1970, incluidas las de Herstatt Bank en Alemania y Franklin National Bank en Estados Unidos. Estas crisis resaltaron la necesidad de una supervisión más rigurosa de las operaciones bancarias transfronterizas y la cooperación internacional para evitar el contagio financiero.

El Comité de Basilea no tiene autoridad legal para imponer regulaciones; en cambio, establece estándares y directrices que los países miembros pueden adoptar y adaptar según sus necesidades. Uno de los logros más significativos del comité ha sido el desarrollo de los acuerdos de capital conocidos como Basilea I, Basilea II y Basilea III. Estos acuerdos establecen requisitos mínimos de capital para los bancos con el objetivo de garantizar su resiliencia frente a pérdidas inesperadas y reducir el riesgo sistémico.

Basilea I, introducido en 1988, fue el primer marco en establecer un estándar global para los requisitos de capital bancario. Aunque fue un avance significativo, su enfoque simplista sobre la ponderación de riesgos pronto mostró limitaciones, especialmente con la creciente complejidad de los mercados financieros. Basilea II, lanzado en 2004, intentó abordar estas deficiencias al introducir un enfoque más granular para medir el riesgo y un mayor énfasis en la supervisión regulatoria y la disciplina del mercado. Sin embargo, la crisis financiera de 2008 expuso las vulnerabilidades de este sistema, incluidas las debilidades en la evaluación del riesgo de los activos respaldados por hipotecas y otros productos financieros complejos.

Como respuesta a estas fallas, el Comité de Basilea desarrolló Basilea III, un conjunto de reformas introducido en 2010 que buscaba fortalecer la regulación, supervisión y gestión del riesgo en el sector bancario. Basilea III aumentó los requisitos de capital mínimo, introdujo colchones de capital contracíclicos y estableció estándares más estrictos para la liquidez y el apalancamiento. Estas medidas tienen como objetivo garantizar que los bancos sean más resilientes ante crisis futuras y puedan mantener operaciones esenciales incluso en condiciones adversas.

Además de su trabajo sobre los estándares de capital, el BIS y el Comité de Basilea desempeñan un papel importante en la investigación y el análisis de temas financieros globales. Publican informes periódicos que abordan cuestiones como el impacto de las políticas monetarias, los flujos de capital internacionales y los riesgos emergentes en el sistema financiero. Este trabajo no solo informa a los formuladores de políticas, sino que también contribuye al debate académico y público sobre temas críticos para la estabilidad financiera global.

El BIS también facilita el diálogo entre bancos centrales a través de reuniones periódicas y grupos de trabajo especializados. Estas reuniones brindan un espacio para que los responsables políticos discutan cuestiones clave, compartan experiencias y desarrollen estrategias conjuntas para abordar desafíos comunes. En este sentido, el BIS actúa como un puente entre las economías avanzadas y emergentes, promoviendo una perspectiva global en la formulación de políticas.

10 – Especulación en los mercados financieros

La especulación en los mercados financieros desempeñó un papel central en la acumulación de riesgos que llevaron a la crisis financiera global. Durante los años previos a la crisis, un entorno caracterizado por bajas tasas de interés, una aparente estabilidad económica y un acceso fácil al crédito creó las condiciones ideales para que los inversores persiguieran rendimientos elevados con una tolerancia creciente al riesgo. Esta dinámica se manifestó particularmente en el sector inmobiliario, que se convirtió en un foco de interés tanto para inversores individuales como institucionales.

El atractivo de los activos vinculados al mercado inmobiliario radicaba en varios factores. En primer lugar, el aumento sostenido de los precios de las viviendas durante los primeros años de la década de 2000 alimentó la percepción de que el mercado era una inversión segura y rentable. Este crecimiento fue impulsado por el acceso fácil a hipotecas, incluidas aquellas de tipo subprime, que ampliaron significativamente la base de compradores. Paralelamente, el desarrollo de instrumentos financieros como los valores respaldados por hipotecas (MBS) y las obligaciones de deuda garantizadas (CDO) permitió que los riesgos asociados con los préstamos hipotecarios fueran empaquetados y vendidos a una base global de inversores.

En este contexto, la especulación se intensificó a medida que los inversores buscaban capitalizar el auge inmobiliario. En lugar de basar sus decisiones en fundamentos económicos sólidos, como la capacidad de los prestatarios para cumplir con sus obligaciones de pago o la viabilidad a largo plazo de los proyectos inmobiliarios, muchos adoptaron estrategias centradas en obtener beneficios rápidos a través de la compra y venta de activos. Esta mentalidad especulativa no se limitó a individuos; grandes instituciones financieras, fondos de inversión y hedge funds también participaron activamente en esta dinámica, ampliando el alcance y la escala de las apuestas financieras.

El auge de la especulación fue facilitado por un marco financiero que recompensaba el apalancamiento y permitía a los inversores asumir posiciones significativas con un capital relativamente reducido. En muchos casos, las instituciones financieras emplearon prácticas que les permitieron multiplicar sus exposiciones a activos inmobiliarios sin incrementar proporcionalmente sus reservas de capital. Esto creó un efecto multiplicador en el riesgo sistémico, ya que incluso pequeñas fluctuaciones en los precios de los activos podían generar pérdidas masivas.

Un factor adicional que fomentó la especulación fue la percepción generalizada de que los precios de las viviendas seguirían subiendo indefinidamente. Este optimismo infundado llevó a muchos a participar en el mercado con la intención de revender propiedades a precios más altos en un corto período de tiempo, una práctica comúnmente conocida como "house flipping". Este fenómeno fue especialmente pronunciado en regiones donde los precios de las viviendas crecían a tasas aceleradas, atrayendo tanto a compradores locales como a inversores extranjeros.

A medida que la especulación alcanzaba nuevos picos, se desarrolló una desconexión cada vez mayor entre el valor intrínseco de los activos inmobiliarios y sus precios de mercado. Los bancos y otros prestamistas, incentivados por las comisiones generadas por la emisión de préstamos, relajaron sus estándares de crédito, extendiendo financiamiento a prestatarios con historiales financieros débiles o ingresos insuficientes para respaldar sus obligaciones hipotecarias. Estos préstamos, conocidos como hipotecas subprime, se convirtieron en un componente clave de los activos empaquetados en productos financieros complejos, lo que trasladó el riesgo de los prestamistas a los inversores finales.

La especulación también se vio exacerbada por la falta de transparencia en el mercado de productos derivados relacionados con el sector inmobiliario. Los inversores confiaban en gran medida en las calificaciones otorgadas por las agencias calificadoras, que frecuentemente asignaban las mejores notas crediticias a instrumentos que, en realidad, contenían una proporción significativa de activos de alto riesgo. Esto generó una falsa sensación de seguridad, incentivando aún más la demanda de estos productos.

El comportamiento especulativo no solo afectó al mercado inmobiliario, sino que también tuvo un impacto en otras áreas del sistema financiero. Por ejemplo, muchos bancos y fondos utilizaron los ingresos generados por activos inmobiliarios para financiar operaciones adicionales, creando una red de interdependencias que amplificó las posibles repercusiones de cualquier corrección en los precios de las viviendas. Al mismo tiempo, el flujo de capital hacia el sector inmobiliario desvió recursos de otros sectores económicos, contribuyendo a un desequilibrio en la asignación de recursos que sería difícil de corregir una vez que estallara la burbuja.

En última instancia, el auge de la especulación en los mercados financieros reflejó un sistema incentivado para priorizar las ganancias a corto plazo sobre la sostenibilidad a largo plazo. Los actores del mercado, desde pequeños inversores hasta grandes instituciones, participaron en una carrera por capturar beneficios en un entorno que parecía garantizar rendimientos constantes. Sin embargo, esta aparente estabilidad era ilusoria, ya que estaba construida sobre un conjunto de supuestos frágiles y prácticas riesgosas que, una vez expuestas, desencadenarían una crisis de proporciones históricas.

Europa reflejó un fenómeno paralelo al observado en Estados Unidos, donde el auge del crédito fácil y las expectativas de crecimiento ilimitado en los precios de los activos inmobiliarios alimentaron un ciclo insostenible de especulación y sobreinversión. Países como España e Irlanda destacaron especialmente por la intensidad de su exposición al mercado inmobiliario y por la magnitud de las consecuencias cuando este colapsó.

En el caso de Europa, la convergencia económica derivada de la creación de la zona euro jugó un papel importante en el desarrollo de estas burbujas. La adopción de una moneda común facilitó un acceso más amplio a los mercados de capital, reduciendo las tasas de interés en muchos países que anteriormente enfrentaban costos de financiamiento más altos. Este cambio incentivó tanto a los consumidores como a los desarrolladores inmobiliarios a asumir deudas significativas, con la expectativa de que los precios de los activos seguirían aumentando de manera indefinida.

En Irlanda, la liberalización del sector financiero y una política fiscal favorable al desarrollo inmobiliario estimularon un auge sin precedentes en la construcción de viviendas y propiedades comerciales. Las instituciones financieras, tanto locales como internacionales, jugaron un papel central al ofrecer crédito en condiciones extremadamente flexibles. Sin embargo, cuando el mercado se saturó y los precios comenzaron a caer, las pérdidas afectaron no solo a los bancos locales, sino también a las instituciones internacionales que habían invertido en activos irlandeses.

De manera similar, España vivió un periodo de expansión inmobiliaria impulsado por una combinación de crédito abundante, bajas tasas de interés y políticas gubernamentales que incentivaban la propiedad de vivienda. Las construcciones masivas transformaron el paisaje urbano y rural, mientras que los bancos y cajas de ahorros locales financiaban proyectos cada vez más ambiciosos. El colapso de esta burbuja dejó una huella profunda en el sistema financiero español, exponiendo problemas estructurales en las entidades financieras que dependían en gran medida de los activos inmobiliarios para mantener su solvencia.

La explosión de estas burbujas tuvo consecuencias significativas para el sistema financiero global. Los bancos internacionales que habían adquirido activos respaldados por hipotecas irlandesas y españolas enfrentaron pérdidas considerables, lo que contribuyó al efecto de contagio que caracterizó la crisis financiera global. Además, los problemas en estos mercados inmobiliarios expusieron la insuficiencia de la supervisión regulatoria a nivel nacional y europeo, así como las limitaciones de las herramientas disponibles para gestionar crisis transfronterizas en una economía interconectada.

La experiencia de estos países también puso de manifiesto cómo los desequilibrios en un sector pueden tener repercusiones amplias y duraderas en toda la economía. A medida que los precios de los activos cayeron y los proyectos se paralizaron, el desempleo aumentó, especialmente en sectores como la construcción, y los gobiernos enfrentaron déficits fiscales crecientes debido a la necesidad de rescatar bancos y mantener programas sociales. Aunque cada país tuvo sus particularidades, el caso de España e Irlanda es representativo de un patrón más amplio en Europa, donde el entusiasmo por los beneficios inmediatos del crecimiento inmobiliario eclipsó las preocupaciones sobre los riesgos a largo plazo.

El caso español en la crisis financiera global de 2008 constituye un ejemplo emblemático de cómo una burbuja inmobiliaria puede alterar profundamente la economía de un país, afectando tanto a las instituciones financieras como al tejido social. Durante los años previos a la crisis, España experimentó un auge económico sostenido que, en gran medida, se apoyó en el crecimiento exponencial del sector inmobiliario. Este periodo, a menudo denominado como el "milagro español", estuvo impulsado por una serie de factores que, aunque inicialmente parecían ser motores de desarrollo, resultaron ser insostenibles a largo plazo.

La liberalización del sistema financiero en España durante la década de 1990, junto con la entrada en la zona euro en 1999, marcó el inicio de un periodo de acceso fácil al crédito. La pertenencia a la Unión Monetaria permitió a España beneficiarse de tasas de interés históricamente bajas, lo que estimuló la demanda de préstamos hipotecarios tanto para la adquisición de viviendas como para el desarrollo de proyectos de construcción. Este acceso al crédito se vio reforzado por la confianza generalizada en la estabilidad de la economía española y en la seguridad de los activos inmobiliarios.

El sector de la construcción se convirtió en el motor de crecimiento de la economía española, representando una proporción significativa del PIB y generando empleo para millones de personas. Ciudades y pueblos experimentaron un rápido proceso de urbanización, con la construcción de viviendas, infraestructuras y desarrollos turísticos a una escala sin precedentes. Este boom no solo fue alimentado por la demanda interna, sino también por un flujo constante de inversión extranjera y la llegada de miles de ciudadanos europeos que buscaban adquirir propiedades en España, especialmente en regiones costeras.

Sin embargo, el crecimiento del sector inmobiliario estaba acompañado de prácticas que pronto mostrarían sus debilidades. Los bancos y, especialmente, las cajas de ahorros desempeñaron un papel central en la financiación del boom. Estas instituciones ofrecían préstamos en condiciones muy favorables, incluso a prestatarios con una capacidad de pago limitada. Además, muchas entidades asumieron riesgos excesivos al concentrar una gran parte de sus activos en hipotecas y en la financiación de proyectos inmobiliarios. Este comportamiento se vio incentivado por la percepción de que los precios de las viviendas continuarían aumentando indefinidamente.

A medida que la burbuja inmobiliaria crecía, los precios de las viviendas se dispararon, alcanzando niveles que estaban desconectados de los fundamentos económicos. Los ingresos medios de las familias españolas no crecían al mismo ritmo que los precios de las viviendas, lo que llevó a muchas personas a endeudarse en exceso para poder adquirir una propiedad. En paralelo, la construcción se extendió incluso a zonas donde la demanda real era limitada, lo que resultó en un exceso de oferta que posteriormente agravaría el colapso del mercado.

El colapso de la burbuja comenzó a ser evidente a partir de 2007, cuando la demanda de viviendas empezó a disminuir y los precios comenzaron a estabilizarse e incluso a caer en algunas regiones. Este cambio en las dinámicas del mercado tuvo un impacto inmediato en las empresas constructoras, muchas de las cuales habían asumido altos niveles de endeudamiento para financiar proyectos que ahora no podían vender. Algunas de las mayores constructoras del país se declararon en quiebra, dejando tras de sí una estela de deudas impagas y proyectos inacabados.

El impacto en el sistema financiero fue igualmente devastador. Las cajas de ahorros, que habían jugado un papel central en la financiación del sector inmobiliario, enfrentaron una creciente ola de impagos a medida que los prestatarios incumplían sus obligaciones. La exposición masiva a activos problemáticos llevó a la insolvencia de muchas de estas instituciones, lo que a su vez generó una crisis de confianza en el sistema financiero español. Para evitar un colapso total, el gobierno tuvo que intervenir, inyectando miles de millones de euros en rescates y reestructuraciones. En algunos casos, las cajas fueron fusionadas o absorbidas por bancos más grandes, mientras que otras simplemente desaparecieron.

El colapso del sector inmobiliario tuvo consecuencias profundas y duraderas en la economía española. El desempleo, que había caído a niveles históricamente bajos durante el boom, se disparó a medida que las empresas de construcción y sus industrias auxiliares redujeron sus operaciones o cerraron por completo. Regiones que habían dependido casi exclusivamente del sector inmobiliario para su crecimiento económico se vieron particularmente afectadas, con niveles de desempleo que superaban el 30% en algunos casos.

A nivel social, la crisis dejó a miles de familias en una situación de vulnerabilidad. Muchas personas que habían adquirido viviendas durante el boom se encontraron con hipotecas que ya no podían pagar, mientras que el valor de sus propiedades caía por debajo del saldo pendiente de sus préstamos. Este fenómeno, conocido como "hipotecas underwater", generó una oleada de desahucios y alimentó la indignación social.

El gobierno español, enfrentado a una creciente presión internacional y doméstica, adoptó una serie de medidas para intentar estabilizar la economía. Estas incluyeron reformas en el mercado laboral, ajustes fiscales y, en última instancia, una solicitud de ayuda financiera a la Unión Europea para recapitalizar el sistema bancario. Aunque estas medidas lograron evitar un colapso total, las cicatrices de la crisis siguieron siendo visibles durante años, afectando la confianza en las instituciones y en el modelo económico que había predominado hasta entonces.

El caso español es un recordatorio de cómo los desequilibrios en un sector pueden tener repercusiones en toda la economía. Aunque el auge inmobiliario trajo consigo un periodo de crecimiento económico y aparente prosperidad, también sembró las semillas de una crisis que dejó profundas heridas económicas, sociales e institucionales.

La crisis en Islandia, aunque menos conocida que la de otros países, fue uno de los episodios más dramáticos de la crisis financiera global de 2008. Este pequeño país nórdico, con una población de poco más de 300.000 habitantes en ese momento, experimentó un colapso financiero que expuso los riesgos de un crecimiento económico desproporcionado basado en un sistema bancario sobredimensionado y altamente apalancado.

Durante la primera década del siglo XXI, Islandia se convirtió en un modelo de éxito económico aparentemente improbable. Este crecimiento estuvo impulsado principalmente por la liberalización de su sector financiero a finales de los años 90 y principios de los 2000. Los bancos islandeses, anteriormente pequeñas instituciones orientadas al mercado local, se expandieron rápidamente en los mercados internacionales, aprovechando las oportunidades que ofrecía la globalización financiera. A través de estrategias de apalancamiento agresivo, estos bancos financiaron inversiones masivas en el extranjero, incluyendo compras de activos y préstamos en moneda extranjera.
El acceso al crédito barato y la expansión de los bancos permitieron un auge económico en Islandia. Las tasas de interés locales atrajeron a inversionistas internacionales que buscaban altos rendimientos, lo que a su vez fortaleció la moneda local, la corona islandesa. Este ciclo de expansión generó una falsa sensación de seguridad y prosperidad, mientras que el sector bancario crecía a un ritmo que superaba con creces el tamaño de la economía del país. En 2007, los activos de los bancos islandeses eran aproximadamente 10 veces el Producto Interno Bruto (PIB) del país.

Sin embargo, este crecimiento descontrolado ocultaba una serie de vulnerabilidades estructurales. La dependencia de los bancos islandeses de la financiación a corto plazo en moneda extranjera fue uno de los factores más críticos. A medida que la crisis financiera global comenzó a desarrollarse en 2007 y 2008, la disponibilidad de crédito internacional se contrajo drásticamente, dejando a los bancos islandeses expuestos a un riesgo de refinanciamiento. Además, la devaluación de la corona islandesa exacerbó el problema, ya que aumentó el costo de los préstamos en moneda extranjera y redujo la capacidad de los prestatarios para cumplir con sus obligaciones.

El colapso financiero en Islandia se produjo de manera rápida y devastadora. En octubre de 2008, los tres principales bancos del país—Glitnir, Landsbanki y Kaupthing—fueron incapaces de cumplir con sus obligaciones de deuda y colapsaron en cuestión de semanas. El gobierno islandés, enfrentado a una crisis de magnitudes sin precedentes, decidió nacionalizar estos bancos para evitar un colapso total del sistema financiero. Sin embargo, la escala del problema superaba con creces la capacidad del gobierno para gestionar la crisis por sí solo.

La quiebra de los bancos islandeses tuvo un impacto devastador en la economía del país. La moneda se desplomó, perdiendo más del 50% de su valor frente al euro, lo que provocó un aumento de los precios de las importaciones y una inflación galopante. El desempleo, que había sido históricamente bajo, se disparó, afectando a miles de familias. Además, la deuda externa de Islandia alcanzó niveles insostenibles, y el país fue obligado a solicitar ayuda financiera al Fondo Monetario Internacional (FMI) y a otros países.

Una de las características más controvertidas de la crisis islandesa fue el papel de los depósitos extranjeros en el sistema bancario del país. Los bancos islandeses habían atraído depósitos de clientes internacionales, especialmente a través de cuentas de ahorro en línea como las ofrecidas por Landsbanki bajo la marca Icesave. Cuando Landsbanki colapsó, miles de depositantes en el Reino Unido y los Países Bajos perdieron acceso a sus fondos, lo que provocó tensiones diplomáticas y una disputa legal prolongada entre Islandia y estos países. El gobierno islandés se negó inicialmente a garantizar la devolución de estos depósitos, argumentando que la carga financiera sería insostenible para su economía.

A pesar de la magnitud de la crisis, Islandia tomó medidas audaces para recuperarse. El gobierno permitió que los bancos quebraran en lugar de rescatarlos con fondos públicos, concentrándose en proteger los depósitos nacionales y en estabilizar la economía a través de controles de capital y una reestructuración de la deuda. Estas decisiones, aunque polémicas en su momento, permitieron a Islandia recuperar la estabilidad económica más rápidamente que otros países afectados por la crisis.

El colapso financiero también tuvo implicaciones políticas y sociales en Islandia. Hubo protestas masivas que llevaron a la dimisión del gobierno y a una revisión de la constitución del país. Además, varios ejecutivos bancarios y políticos fueron investigados y procesados por su papel en la crisis, marcando un raro ejemplo de rendición de cuentas en el contexto de la crisis financiera global.

12 – Conexión global de los mercados

La interconexión financiera global jugó un papel decisivo en la rápida propagación de los problemas originados en el mercado hipotecario estadounidense hacia otras economías del mundo. En un sistema financiero cada vez más interdependiente, las turbulencias que comenzaron con la crisis de las hipotecas subprime en los Estados Unidos en 2007 pronto se extendieron más allá de sus fronteras, afectando tanto a economías desarrolladas como a mercados emergentes.

El epicentro de esta interconexión se encontraba en la creciente complejidad de los instrumentos financieros y en la integración de los mercados de capital. Las hipotecas subprime, concedidas a prestatarios de alto riesgo en los Estados Unidos, fueron empaquetadas en productos financieros como los valores respaldados por hipotecas (MBS) y las obligaciones de deuda garantizadas (CDO). Estos productos, comercializados como inversiones seguras gracias a las altas calificaciones otorgadas por las agencias calificadoras, fueron adquiridos por bancos, fondos de pensiones, aseguradoras y otras instituciones financieras en todo el mundo.

La lógica detrás de esta dispersión de riesgos era que la diversificación geográfica y la estructuración de los productos financieros permitirían mitigar los impactos de posibles impagos en una región específica. Sin embargo, en la práctica, la complejidad de estos instrumentos y la falta de transparencia sobre su composición real significaron que muchas instituciones no comprendían completamente los riesgos que asumían. Cuando los impagos en las hipotecas subprime comenzaron a aumentar, el valor de estos productos financieros colapsó, afectando a los tenedores de estos activos en todo el mundo.

Los bancos internacionales, especialmente aquellos con operaciones significativas en los Estados Unidos o con exposiciones a los productos estructurados basados en hipotecas subprime, fueron los primeros en sentir los efectos de la crisis. La desconfianza entre las instituciones financieras creció rápidamente, lo que provocó una contracción del crédito global. Los mercados interbancarios se congelaron a medida que los bancos dejaron de prestarse entre sí, temerosos de que sus contrapartes pudieran estar expuestas a activos tóxicos.

Europa fue una de las regiones más afectadas por la propagación de la crisis. Bancos en países como Alemania, Reino Unido y Francia habían invertido fuertemente en productos financieros relacionados con el mercado hipotecario estadounidense. Cuando estos activos perdieron su valor, muchas instituciones europeas enfrentaron pérdidas masivas, lo que obligó a algunos gobiernos a intervenir para evitar quiebras. En casos extremos, como el de Irlanda y España, las pérdidas derivadas de la crisis hipotecaria estadounidense se combinaron con problemas internos en sus mercados inmobiliarios, amplificando el impacto.

Los mercados emergentes tampoco fueron inmunes. Aunque muchos de estos países tenían una exposición directa limitada a los productos financieros estadounidenses, la crisis global desencadenó salidas de capital y una disminución en la demanda de exportaciones, lo que afectó sus economías. Además, la volatilidad en los mercados de divisas y el aumento de las tasas de interés globales añadieron presión sobre las economías más vulnerables.

Otro canal importante de transmisión fue el colapso de la confianza en los sistemas financieros globales. La crisis reveló la fragilidad de muchas instituciones financieras y puso en duda la eficacia de los reguladores y las agencias calificadoras. Los inversores, enfrentados a la incertidumbre, buscaron refugio en activos considerados seguros, como los bonos del Tesoro de Estados Unidos, lo que provocó una fuga de capitales desde mercados más riesgosos. Esto no solo afectó a las economías en desarrollo, sino que también amplió las disparidades entre las economías centrales y periféricas dentro de la zona euro, exacerbando tensiones preexistentes.

Además, las multinacionales financieras y las grandes corporaciones transnacionales contribuyeron a la propagación de la crisis a través de sus operaciones globales. Muchas de estas entidades utilizaban líneas de crédito y financiación a corto plazo que se vieron afectadas por la congelación de los mercados interbancarios. Esto, a su vez, impactó su capacidad para operar en diversas regiones, afectando las cadenas de suministro globales y contribuyendo a una desaceleración económica generalizada.

En última instancia, la interconexión financiera global significó que ningún país o región podía considerarse aislado de los efectos de la crisis. Las medidas adoptadas por los bancos centrales y los gobiernos para contener la crisis en sus propias economías, como la inyección de liquidez y los programas de rescate, tuvieron repercusiones internacionales. Por ejemplo, las políticas de flexibilización cuantitativa implementadas por la Reserva Federal de Estados Unidos y otros bancos centrales influyeron en los flujos de capital globales y en las tasas de cambio, afectando tanto a socios comerciales como a competidores.

Este episodio subrayó la necesidad de una mayor coordinación internacional en la regulación y supervisión de los mercados financieros. La falta de supervisión efectiva sobre las actividades transfronterizas y la creciente complejidad de los productos financieros contribuyeron a la severidad de la crisis y a su rápida propagación. Si bien los efectos inmediatos de la crisis finalmente se estabilizaron, sus secuelas evidenciaron la importancia de reforzar los mecanismos de

cooperación global para prevenir futuras disrupciones de similar
magnitud.

Simboliza una de las caídas más dramáticas en la historia de la banca moderna. Fundada en 1850 por los hermanos Henry, Emanuel y Mayer Lehman, comenzó como un negocio modesto en Alabama dedicado al comercio de algodón. Con el tiempo, se transformó en un gigante de la banca de inversión, desempeñando un papel crucial en el desarrollo del sistema financiero global. Para 2008, Lehman Brothers era el cuarto banco de inversión más grande de Estados Unidos, gestionando activos valorados en cientos de miles de millones de dólares y empleando a miles de personas en todo el mundo.

A finales del siglo XX y principios del XXI, bajo la dirección de Richard Fuld, Lehman adoptó una estrategia de expansión agresiva. Esto incluyó una gran incursión en el mercado de hipotecas subprime, que se basaba en otorgar préstamos a prestatarios con un alto riesgo de impago. Estos préstamos se empaquetaban en productos financieros como valores respaldados por hipotecas (MBS) y obligaciones de deuda garantizada (CDO), que luego se vendían a inversores de todo el mundo. Durante el auge del mercado inmobiliario en Estados Unidos, esta estrategia generó enormes beneficios para la firma, consolidando su posición como líder en el sector financiero.

Sin embargo, el modelo de negocio de Lehman dependía de manera crucial de la estabilidad del mercado inmobiliario y de la confianza de los inversores. Con la desaceleración de los precios de las viviendas en 2007, el panorama comenzó a cambiar rápidamente. Los impagos en las hipotecas subprime aumentaron drásticamente, lo que llevó a una disminución en el valor de los MBS y los CDO. Las pérdidas comenzaron a acumularse, no solo para Lehman, sino para muchas otras instituciones financieras. No obstante, Lehman estaba particularmente expuesta debido a su nivel de apalancamiento extremadamente alto, que significaba que operaba con cantidades masivas de deuda en relación con su capital.

A medida que las pérdidas crecían y la confianza en el sistema financiero global disminuía, Lehman enfrentó una creciente presión de los mercados. Los socios comerciales y los inversores comenzaron a distanciarse, y el acceso al crédito, esencial para la operación diaria del banco, se restringió rápidamente. En este contexto, Lehman intentó encontrar soluciones para mantenerse a flote. Buscó acuerdos de rescate con potenciales compradores, incluidos Barclays y Bank of America, pero estas negociaciones fracasaron debido a las preocupaciones sobre las enormes deudas de la firma y la falta de apoyo gubernamental.

El 15 de septiembre de 2008, Lehman Brothers se declaró en bancarrota, marcando el mayor colapso empresarial en la historia de Estados Unidos hasta ese momento. Con más de 600.000 millones de dólares en deudas y activos similares en valor, la magnitud de la quiebra fue sin precedentes. El impacto fue inmediato y devastador: los mercados bursátiles mundiales sufrieron fuertes caídas, y la confianza en el sistema financiero global quedó profundamente dañada. La quiebra de Lehman aceleró la crisis financiera global, llevando a una congelación del crédito y desencadenando una recesión económica a nivel mundial.

Este colapso no fue solo el resultado de decisiones internas, sino también de un sistema financiero interconectado y mal regulado. Los instrumentos financieros complejos y opacos, como los MBS y los CDO, jugaron un papel importante en amplificar el riesgo. Además, la falta de intervención gubernamental en el caso de Lehman contrastó con los rescates otorgados a otras instituciones, como AIG, lo que planteó preguntas sobre la coherencia de las decisiones tomadas en ese momento crítico.

La caída de Lehman Brothers se convirtió en un símbolo de los excesos de la época previa a la crisis y expuso las debilidades fundamentales del sistema financiero. A pesar de los esfuerzos posteriores para reforzar la regulación y mejorar la supervisión, el legado de esta quiebra sigue siendo un recordatorio sombrío de los riesgos inherentes a un sistema financiero globalizado y altamente apalancado.

La quiebra de Lehman Brothers no fue un hecho aislado ni un accidente inesperado. Fue el punto álgido de una serie de acontecimientos que comenzaron mucho antes, con instituciones financieras que mostraban señales de debilidad y cuyas dificultades no hicieron sino acrecentar el clima de incertidumbre en los mercados globales. Estas empresas, consideradas pilares del sistema financiero estadounidense, cayeron una tras otra, revelando un sistema que había operado durante años al borde del colapso, sostenido por estrategias de alto riesgo y una regulación deficiente.

En marzo de 2008, meses antes de la caída de Lehman, Bear Stearns se convirtió en la primera gran víctima visible de la crisis financiera. Este banco de inversión, conocido por su agresiva exposición al mercado de hipotecas subprime, se enfrentó a una pérdida masiva de confianza por parte de sus socios y clientes. Los rumores de insolvencia provocaron una retirada abrupta de fondos, un fenómeno conocido como "corrida bancaria". En cuestión de días, Bear Stearns, que alguna vez fue un gigante en Wall Street, estaba al borde de la quiebra. Para evitar un colapso total que pudiera desestabilizar aún más los mercados financieros, la Reserva Federal y el Departamento del Tesoro intervinieron. Facilitando un rescate orquestado por JPMorgan Chase, Bear Stearns fue adquirido por un precio simbólico de 2 dólares por acción, una cifra que posteriormente se aumentó a 10 dólares debido a la presión de los accionistas. Este movimiento fue visto como una medida drástica pero necesaria para contener el pánico.

Sin embargo, el rescate de Bear Stearns no resolvió los problemas fundamentales del sistema. En el verano de 2008, la crisis se intensificó cuando dos gigantes de las hipotecas respaldadas por el gobierno, Fannie Mae y Freddie Mac, enfrentaron serias dificultades. Estas entidades, responsables de garantizar o poseer la mayor parte de las hipotecas en Estados Unidos, se habían sobreextendido en el mercado inmobiliario. Sus balances estaban cargados de activos tóxicos cuya calidad estaba en duda. En septiembre de 2008, cuando quedó claro que ambas instituciones estaban al borde de la insolvencia, el gobierno tomó medidas drásticas. Fannie Mae y Freddie Mac fueron colocadas bajo tutela federal mediante la Agencia Federal de Financiamiento de la Vivienda (FHFA), en un esfuerzo por estabilizar el mercado hipotecario y restaurar la confianza. Esta intervención masiva, que costó a los contribuyentes cientos de miles de millones de dólares, fue considerada crítica para evitar un colapso sistémico.

Poco después, Washington Mutual, conocido como WaMu, el mayor banco de ahorros de Estados Unidos también sucumbió a la crisis. En septiembre de 2008, WaMu experimentó una corrida bancaria cuando los depositantes retiraron decenas de miles de millones de dólares en un corto período. Incapaz de encontrar un comprador a tiempo y enfrentando una insolvencia inminente, el banco fue intervenido por la Corporación Federal de Seguro de Depósitos (FDIC) y vendido a JPMorgan Chase. Fue la mayor quiebra de un banco en la historia de Estados Unidos y un claro recordatorio de que incluso las instituciones consideradas sólidas podían derrumbarse bajo el peso de la crisis.

A pesar de estas intervenciones, el gobierno decidió no rescatar a Lehman Brothers, marcando un punto de inflexión en la crisis financiera. Cuando Lehman colapsó el 15 de septiembre de 2008, el caos en los mercados alcanzó un nivel sin precedentes. Pero solo un día después, el gobierno se enfrentó a otra decisión crítica: el destino de American International Group (AIG), una de las aseguradoras más grandes del mundo. AIG, profundamente involucrada en el mercado de derivados y expuesta a pérdidas masivas por sus contratos de swaps de incumplimiento crediticio (CDS), estaba al borde de la quiebra. Sin embargo, a diferencia de Lehman, el gobierno consideró que permitir la caída de AIG representaría un riesgo inaceptable para el sistema financiero global.

El 16 de septiembre de 2008, la Reserva Federal intervino para rescatar a AIG, otorgándole un paquete de ayuda de 85.000 millones de dólares a cambio de una participación mayoritaria en la compañía. Este rescate, justificado como una medida para evitar el colapso de innumerables contrapartes financieras que dependían de AIG, generó una intensa controversia. Muchos se preguntaron por qué se había permitido la quiebra de Lehman mientras que otras instituciones recibían apoyo gubernamental. Esta aparente inconsistencia alimentó el sentimiento de injusticia y cuestionamientos sobre la estrategia general del gobierno frente a la crisis.

En conjunto, estas decisiones reflejan la magnitud del desafío que enfrentaban las autoridades en 2008. Cada intervención revelaba nuevas capas de complejidad y fragilidad en un sistema financiero interconectado, donde el fracaso de una institución podía tener repercusiones devastadoras en todo el mundo. El colapso de Lehman y el posterior rescate de AIG simbolizan la dificultad de navegar una crisis sin precedentes, donde las respuestas rápidas y drásticas eran inevitables, pero a menudo venían acompañadas de controversias y críticas. Este período no solo marcó el fin de una era para muchas instituciones financieras, sino también el comienzo de un nuevo capítulo en la regulación y la comprensión del riesgo sistémico global.

Uno de los efectos inmediatos de la quiebra de Lehman fue la propagación del miedo en los mercados financieros. Los inversionistas, bancos e instituciones que habían operado bajo la suposición de que ciertas entidades eran "demasiado grandes para caer" se encontraron de repente en un terreno incierto. Lehman no había sido rescatado, y este hecho planteó una pregunta urgente: ¿cuál sería la próxima institución en colapsar? Esta incertidumbre generó una aversión al riesgo que se extendió rápidamente por el sistema financiero. Los bancos, tradicionalmente dispuestos a prestarse dinero entre sí a través del mercado interbancario, comenzaron a retraerse, desconfiando de la estabilidad de sus contrapartes.

El crédito interbancario es un componente esencial del sistema financiero global. Es la red que permite que los bancos mantengan liquidez y operen con normalidad, incluso cuando enfrentan fluctuaciones en la demanda de efectivo. Sin embargo, cuando Lehman cayó, esta red se tensó al máximo. Los bancos, preocupados por su propia supervivencia y por la exposición que pudieran tener al colapso de otras instituciones, comenzaron a acumular efectivo en lugar de prestarlo. Esto creó un círculo vicioso: la falta de liquidez empeoró las condiciones de mercado, lo que a su vez aumentó la desconfianza.

La tasa Libor, una referencia clave para los préstamos interbancarios, se disparó a niveles históricos en los días posteriores a la quiebra de Lehman. Esto reflejaba el costo creciente del crédito y la desconfianza generalizada entre las instituciones financieras. Las empresas, grandes y pequeñas, también sintieron rápidamente los efectos de esta parálisis crediticia. Las líneas de crédito que solían estar disponibles para financiar operaciones diarias o expansiones se volvieron inalcanzables o extremadamente caras, paralizando proyectos y poniendo en riesgo empleos en todo el mundo.

Además, la exposición global a los activos tóxicos vinculados al mercado inmobiliario estadounidense amplificó el problema. Los bancos no solo desconfiaban unos de otros, sino que tampoco podían evaluar adecuadamente la magnitud de las pérdidas en sus propios balances. La falta de transparencia y la complejidad de los productos financieros, como las obligaciones de deuda garantizada (CDO) y los valores respaldados por hipotecas (MBS), dificultaban determinar quién estaba en peligro y hasta qué punto. Esto creó un ambiente en el que el simple hecho de mantener relaciones comerciales con otras instituciones se percibía como un riesgo.

La Reserva Federal y otros bancos centrales del mundo intentaron intervenir rápidamente para restaurar la confianza y mantener la liquidez en el sistema. Se inyectaron miles de millones de dólares en los mercados financieros mediante programas de emergencia, como la apertura de líneas de crédito a corto plazo para bancos y otras instituciones financieras. Sin embargo, estas medidas solo lograron aliviar parcialmente la situación, ya que el problema fundamental seguía siendo la pérdida de confianza en el sistema financiero en su conjunto.

Las empresas no financieras también comenzaron a verse afectadas por esta crisis de confianza. Muchas dependían de la capacidad de emitir bonos o utilizar líneas de crédito bancarias para financiar sus operaciones. Con el mercado de crédito interbancario paralizado, estas fuentes de financiación se secaron. Esto llevó a una oleada de recortes de gastos, despidos masivos y, en algunos casos, quiebras empresariales que exacerbaron aún más la recesión económica que ya estaba en marcha.

Mientras tanto, los gobiernos y los reguladores se vieron obligados a tomar decisiones sin precedentes para evitar que el sistema financiero colapsara por completo. En Estados Unidos, el gobierno lanzó el Programa de Alivio de Activos Problemáticos (TARP, por sus siglas en inglés), un paquete de rescate de 700.000 millones de dólares diseñado para inyectar capital en los bancos y comprar activos tóxicos. Aunque estas medidas evitaron un colapso total, no resolvieron de inmediato el problema de la confianza.

A nivel global, las instituciones financieras comenzaron a exigir una revaluación de los modelos de negocio y la supervisión regulatoria. En la Unión Europea, Asia y otros mercados, la interconexión financiera hizo que el impacto de la crisis fuera igualmente devastador. Los bancos en Alemania, Reino Unido y Japón, entre otros, que tenían exposición a los activos estadounidenses o que dependían del mercado interbancario para sus operaciones, también se enfrentaron a crisis de liquidez y solvencia.

En medio de la vorágine de excesos y riesgos acumulados en el sistema financiero previo a la crisis de 2007-2008, surgieron figuras que desafiaron la narrativa dominante. Estos pocos individuos, a menudo marginados y considerados excéntricos por sus pares, lograron ver lo que la mayoría no podía, o no quería, reconocer: el sistema estaba al borde del colapso. Entre ellos destacaron personas como el doctor Michael Burry, un médico convertido en gestor de fondos de inversión, y otros como Steve Eisman. Sus historias no solo subrayan la magnitud del desastre, sino que ilustran cómo la arrogancia colectiva del sistema financiero desechó las señales de advertencia.

Michael Burry, fundador de Scion Capital, fue uno de los primeros en identificar las grietas en el mercado de hipotecas subprime. Con una formación en neurología y un enfoque meticuloso, Burry tenía una manera única de analizar los datos. Su inmersión en los informes financieros y su capacidad para interpretar tendencias le permitieron descubrir que muchas de las hipotecas empaquetadas en valores respaldados por hipotecas (MBS) eran de mala calidad. Estas hipotecas estaban destinadas al incumplimiento en cuanto los prestatarios, atraídos por tasas iniciales bajas y términos poco transparentes, no pudieran cumplir con los pagos cuando las tasas ajustables aumentaran.

En un acto de extraordinaria convicción, Burry apostó contra el mercado inmobiliario estadounidense. Convenció a varios bancos para que le permitieran comprar swaps de incumplimiento crediticio (CDS), una herramienta financiera diseñada originalmente para proteger a los inversores contra el incumplimiento de los bonos. Sin embargo, Burry utilizó estos instrumentos para apostar que los valores hipotecarios respaldados por hipotecas subprime fallarían en masa. Fue una jugada innovadora y, en ese momento, considerada radicalmente pesimista.

Mientras tanto, Steve Eisman, lideraba un fondo que también comenzó a cuestionar la estabilidad del mercado hipotecario. Eisman, conocido por su estilo directo y su escepticismo hacia las instituciones financieras, fue otro de los pocos que vio lo que otros ignoraban. Con su equipo, investigó a fondo las prácticas detrás de la concesión de hipotecas, entrevistando a corredores, agentes inmobiliarios y otros actores del sector. Lo que descubrió fue profundamente inquietante: una cultura desenfrenada de codicia e irresponsabilidad, donde los préstamos se otorgaban sin ninguna consideración por la capacidad de pago de los prestatarios.

Lo más asombroso no fue solo que estas figuras identificaran las fallas del sistema, sino la manera en que fueron tratadas cuando intentaron advertir al mundo. En Wall Street, donde las ganancias inmediatas y el optimismo desenfrenado eran la norma, aquellos que cuestionaban la sostenibilidad del sistema eran tratados con desdén. A Burry, en particular, se le tachó de loco por su insistencia en que el mercado inmobiliario colapsaría. Los bancos que le vendieron los CDS, confiados en que el mercado de viviendas era "demasiado grande para fallar", veían sus movimientos como un simple capricho de un gestor con ideas excéntricas.

Incluso dentro de su propio fondo, Burry enfrentó resistencia. Los inversores de Scion Capital comenzaron a cuestionar su estrategia, presionándolo para que abandonara sus posiciones cortas. La presión fue intensa, y en algunos momentos, Burry tuvo que lidiar con amenazas legales y el abandono de inversores clave. Pero su convicción en los datos y en sus análisis nunca flaqueó.

Steve Eisman, por su parte, también enfrentó rechazo y escepticismo. Su perspectiva pesimista sobre el mercado fue vista como alarmista, y sus advertencias fueron desestimadas por otros gestores de fondos e instituciones financieras. Baum, conocido por su carácter combativo, respondió a estas críticas con más investigación y mayor determinación para demostrar que el sistema estaba podrido desde sus cimientos.

La ironía de estas historias es que los mismos bancos e instituciones que desestimaron a figuras como Burry y Eisman fueron los que les permitieron ejecutar sus estrategias. Al venderles los CDS y otros instrumentos financieros, estas entidades estaban tan convencidas de que el mercado de viviendas seguiría en auge que ni siquiera consideraron la posibilidad de estar cavando sus propias tumbas financieras.

Cuando finalmente llegó el colapso, las apuestas de Burry y Eisman dieron frutos. Scion Capital generó enormes rendimientos, y los fondos liderados por Baum también obtuvieron beneficios significativos. Pero estos logros financieros no mitigaron la tragedia que siguió. Lo que estas figuras habían predicho no era simplemente un ajuste en el mercado; era una catástrofe que destruiría vidas, hogares y economías enteras.

Lo más trágico de estas historias no es que Burry y Eisman fueran tratados como parias por sus advertencias, sino que el sistema en su conjunto ignoró las señales de peligro. Las instituciones financieras, los reguladores y los responsables políticos estaban tan inmersos en su propia narrativa de invulnerabilidad que cerraron los ojos ante la realidad. Las voces disidentes, aunque aisladas, demostraron ser las únicas que realmente comprendieron la magnitud de lo que estaba por venir. Y mientras el resto del mundo sufría las consecuencias, aquellos que tuvieron la claridad y el coraje para apostar contra el sistema quedaron como testigos de una verdad incómoda: la codicia y la ceguera colectiva pueden ser más devastadoras que cualquier crisis económica.

15. Congelación de los mercados crediticios

La confianza es el pilar sobre el que se sustenta cualquier sistema financiero. Los bancos, por naturaleza, operan bajo un modelo que requiere asumir riesgos calculados. Otorgan préstamos basados en la expectativa de que sus prestatarios cumplirán con sus obligaciones y que, en caso de necesidad, podrán recurrir al mercado interbancario para acceder a liquidez. Sin embargo, cuando Lehman Brothers colapsó, este delicado equilibrio se rompió. Las instituciones financieras comenzaron a cuestionar no solo la solvencia de sus contrapartes, sino también la seguridad de sus propios balances. Este miedo se intensificó al enfrentarse a una avalancha de activos devaluados, como valores respaldados por hipotecas, cuya verdadera magnitud de riesgo había sido mal entendida o deliberadamente ignorada.

La reacción inmediata fue la retención de liquidez. Los bancos, al priorizar su supervivencia, redujeron drásticamente la concesión de nuevos préstamos. Esta contracción no se limitó al ámbito interbancario; se extendió rápidamente a las empresas y consumidores, que dependían de líneas de crédito para financiar sus operaciones, expandir negocios o simplemente cubrir necesidades básicas. El crédito empresarial, que hasta entonces había sido un motor clave para la inversión y el crecimiento económico, se volvió escaso y caro. Las pequeñas y medianas empresas, especialmente aquellas con márgenes de ganancia reducidos, fueron las más afectadas. Sin acceso a financiación, muchas se vieron obligadas a recortar personal, cancelar proyectos y, en muchos casos, cerrar sus puertas definitivamente.

Para los consumidores, el impacto fue igual de severo. Las tarjetas de crédito, las hipotecas y los préstamos personales, que habían estado fácilmente disponibles durante la época del crédito barato, de repente se volvieron inaccesibles. Las instituciones financieras endurecieron los requisitos de aprobación, exigiendo puntuaciones crediticias más altas y mayores garantías, excluyendo así a amplios sectores de la población.

Muchas familias, que ya estaban lidiando con la pérdida de empleos o la depreciación de sus viviendas, se encontraron en una situación desesperada, sin capacidad para refinanciar sus deudas o cubrir gastos esenciales.

La parálisis del crédito también tuvo efectos en cadena en sectores clave de la economía. La industria automotriz, por ejemplo, que depende en gran medida de la financiación para vender vehículos, experimentó una caída dramática en las ventas. Las constructoras, ya golpeadas por el estallido de la burbuja inmobiliaria, enfrentaron mayores dificultades para financiar nuevos proyectos, profundizando el colapso del mercado de la vivienda. Incluso empresas consolidadas y financieramente sólidas comenzaron a acumular efectivo, renunciando a expansiones o inversiones que en tiempos normales habrían sido decisiones rutinarias.

El círculo vicioso que se desató fue particularmente destructivo. La reducción del crédito frenó el consumo y la inversión, lo que a su vez llevó a una contracción económica más amplia. A medida que las empresas recortaban empleos y cerraban, los ingresos de las familias disminuían, lo que reducía aún más la demanda de bienes y servicios. Este ambiente de recesión exacerbó la desconfianza en el sistema financiero, dificultando aún más cualquier intento de restaurar el flujo normal de crédito.

Los gobiernos y los bancos centrales de todo el mundo se vieron obligados a intervenir de manera agresiva para evitar un colapso completo. Se inyectaron miles de millones de dólares en los sistemas bancarios para garantizar la liquidez y se implementaron políticas monetarias ultralaxas, como la reducción de las tasas de interés a niveles históricamente bajos. Sin embargo, el daño ya estaba hecho. La falta de confianza en los mercados financieros había sembrado un miedo generalizado, tanto entre las instituciones como entre los ciudadanos, que no podía ser eliminado rápidamente con medidas técnicas o inyecciones de capital.

La contracción del crédito, aunque provocada inicialmente por problemas en el sector financiero, se convirtió en un fenómeno que afectó a todos los aspectos de la economía. En un mundo cada vez más interconectado, la falta de confianza en un banco o un mercado específico se propagó como un incendio incontrolable, afectando a naciones enteras y arrastrando consigo las esperanzas de millones de personas. La parálisis del crédito fue más que un síntoma de la crisis; fue una fuerza impulsora que amplificó su gravedad y prolongó su duración, dejando una marca indeleble en la economía global y en las vidas de quienes dependían del crédito para construir su futuro.

16. Fuga de capitales

Una de las dinámicas más importantes y devastadoras que se desencadenó fue la fuga masiva de capitales de estos mercados. Los inversores, dominados por el pánico y la incertidumbre, retiraron fondos de activos considerados de mayor riesgo, redirigiéndolos hacia refugios más seguros como bonos del Tesoro estadounidense o el oro. Este fenómeno no solo profundizó las tensiones en las economías emergentes, sino que también reflejó el alcance del colapso de confianza en el sistema financiero global.

Los mercados emergentes, que durante los años previos habían sido destinos atractivos para los inversores internacionales, se vieron particularmente expuestos. Países en América Latina, Asia, África y Europa del Este habían experimentado un auge de inversión extranjera directa y flujos de cartera gracias a su rápido crecimiento económico, sus mercados laborales competitivos y, en muchos casos, la abundancia de recursos naturales. Además, las bajas tasas de interés en las economías desarrolladas, especialmente en Estados Unidos, habían llevado a una búsqueda insaciable de rendimientos más altos en activos financieros de estos mercados. Fondos de inversión, bancos y otros actores globales habían invertido masivamente en bonos soberanos, acciones y otros activos en estas regiones.

Sin embargo, cuando el sistema financiero estadounidense comenzó a tambalearse, los inversores globales se enfrentaron a un dilema. La creciente percepción de riesgo, combinada con la necesidad de cubrir pérdidas en los mercados desarrollados, los llevó a liquidar posiciones en mercados emergentes. Este retiro masivo de capital no solo reflejaba una aversión al riesgo, sino también la urgencia de obtener liquidez para cumplir con las demandas de los clientes y las obligaciones financieras.

El resultado fue un colapso repentino en los precios de los activos de mercados emergentes. Las monedas de muchos de estos países se depreciaron drásticamente frente al dólar, encareciendo el costo de la deuda externa y generando presiones inflacionarias en sus economías. Los mercados de valores en regiones como América Latina y Asia cayeron en picada, borrando en cuestión de semanas ganancias acumuladas durante años de crecimiento. Esta situación fue particularmente grave en países que dependían en gran medida de la financiación externa para sostener sus déficits presupuestarios o sus balanzas de pagos.

El caso de países como Brasil, Sudáfrica, Turquía e Indonesia ilustró claramente la fragilidad de muchos mercados emergentes ante los flujos internacionales de capital. Aunque habían implementado reformas económicas significativas en décadas anteriores, su dependencia del capital extranjero los hizo extremadamente vulnerables. En cuestión de meses, muchos gobiernos se vieron obligados a implementar medidas de austeridad, subir las tasas de interés o buscar ayuda financiera internacional para estabilizar sus economías. Estas acciones, aunque necesarias, profundizaron las recesiones locales y exacerbaron las tensiones sociales.

La fuga de capitales también tuvo un impacto devastador en las empresas de mercados emergentes. Muchas de estas compañías, que habían aprovechado el acceso al crédito internacional durante los años previos, se encontraron incapaces de refinanciar sus deudas. Esto llevó a una ola de quiebras corporativas, despidos masivos y recortes en la inversión empresarial. Sectores clave como la manufactura, la construcción y la exportación sufrieron una contracción severa, afectando a millones de trabajadores y sus familias.

En términos políticos, la crisis expuso la dependencia de muchos países emergentes de los flujos de capital internacional y las limitaciones de sus sistemas financieros. Los gobiernos enfrentaron un dilema casi imposible: equilibrar la necesidad de estabilizar sus economías con la presión de sus ciudadanos, que exigían respuestas inmediatas a la creciente pobreza y el desempleo. En algunos casos, como en Argentina, la crisis desencadenó episodios de inestabilidad política y social que dejaron cicatrices duraderas.

Al mismo tiempo, la fuga de capitales de los mercados emergentes contribuyó a agravar la crisis en los países desarrollados. Al retirar fondos de estos mercados y redirigirlos hacia activos seguros, los inversores intensificaron la presión sobre los rendimientos de los bonos soberanos en economías avanzadas. Este flujo masivo de dinero hacia refugios seguros creó burbujas en algunos segmentos del mercado financiero y dificultó aún más la tarea de los bancos centrales para gestionar la crisis.

La fuga de capitales también tuvo un impacto duradero en las relaciones económicas globales. Muchos mercados emergentes comenzaron a cuestionar la arquitectura financiera internacional, dominada por instituciones como el Fondo Monetario Internacional (FMI) y el Banco Mundial. Estas instituciones, percibidas como representantes de los intereses de las economías avanzadas, enfrentaron críticas por no prever la crisis y por las condiciones impuestas en los paquetes de ayuda financiera.

17. Recesión económica mundial

El flujo de capital, que durante años había sido el motor del consumo y la inversión, se congeló de manera repentina, creando un círculo vicioso que asfixió el crecimiento económico y llevó a la economía global a una recesión profunda y prolongada.

La contracción del crédito tuvo un impacto inmediato y directo en los consumidores. Durante los años previos a la crisis, el crédito fácil y las bajas tasas de interés habían fomentado una expansión desmesurada del gasto. Las familias compraban casas, automóviles y bienes de consumo duraderos, confiando en que la disponibilidad de financiamiento seguiría siendo abundante y asequible. Sin embargo, cuando los bancos comenzaron a endurecer los requisitos para otorgar préstamos, millones de hogares se encontraron de repente excluidos del acceso al crédito. Esto redujo drásticamente su capacidad para gastar, tanto en necesidades básicas como en bienes y servicios más costosos.

Además, muchos hogares ya estaban endeudados debido a la explosión de la burbuja inmobiliaria y la caída del valor de sus viviendas. Sin la posibilidad de refinanciar sus hipotecas o consolidar sus deudas, se vieron obligados a recortar su consumo para poder cumplir con sus obligaciones financieras. Este fenómeno fue especialmente agudo en países como Estados Unidos y el Reino Unido, donde las economías estaban altamente apalancadas en el consumo financiado por crédito.

El impacto en las empresas fue igualmente severo. Las grandes corporaciones y las pequeñas y medianas empresas, que dependían del crédito para financiar sus operaciones diarias, invertir en expansión o adquirir nuevos equipos, se encontraron en una posición precaria. Los bancos, enfrentados a balances debilitados y activos tóxicos, se volvieron extremadamente cautelosos, limitando drásticamente el acceso a préstamos incluso para empresas con historiales crediticios sólidos. Esto provocó una reducción significativa en la inversión empresarial, lo que a su vez afectó la creación de empleos, la innovación y la productividad general de las economías.

Sectores como la construcción, la manufactura y el comercio minorista fueron particularmente afectados. En la construcción, el estallido de la burbuja inmobiliaria ya había provocado una caída en la demanda, pero la contracción del crédito agravó la situación. Las empresas constructoras no podían obtener financiamiento para nuevos proyectos, lo que llevó a una paralización casi total en el sector. Esto tuvo un efecto dominó en otros sectores relacionados, como el suministro de materiales de construcción, la arquitectura y el transporte.

En la manufactura, la disminución del consumo global afectó directamente la demanda de bienes, mientras que la falta de financiamiento limitó la capacidad de las empresas para mantener sus operaciones. Muchas fábricas redujeron su producción, cerraron temporalmente o despidieron trabajadores. En países como China, Alemania y Japón, que dependían en gran medida de las exportaciones manufactureras, el impacto fue especialmente notable, ya que la disminución de la demanda global afectó sus economías de manera desproporcionada.

El comercio minorista, por su parte, enfrentó una caída dramática en las ventas. Las tiendas, que dependían de consumidores con acceso al crédito para sostener su negocio, se encontraron con una disminución repentina en la afluencia de clientes. Grandes cadenas cerraron miles de tiendas, mientras que los pequeños negocios, que carecían de la capacidad de absorber pérdidas prolongadas, fueron los más golpeados.

La contracción del crédito también tuvo un efecto devastador en el comercio internacional. Las cartas de crédito, que son fundamentales para facilitar las transacciones entre empresas de diferentes países, se volvieron más difíciles de obtener. Esto afectó tanto a los exportadores como a los importadores, ya que las cadenas de suministro globales se vieron interrumpidas. Países en desarrollo, que dependían de la exportación de materias primas y productos manufacturados, sufrieron una caída significativa en sus ingresos.

A nivel macroeconómico, la contracción del crédito se tradujo en una caída abrupta del crecimiento global. El Producto Interno Bruto (PIB) de muchas economías avanzadas se contrajo durante varios trimestres consecutivos, marcando la recesión más grave desde la Gran Depresión. Los países en desarrollo, aunque inicialmente mostraron cierta resistencia, también se vieron arrastrados por la disminución de la demanda de exportaciones, la caída en los precios de las materias primas y la reducción de los flujos de inversión extranjera directa.

Los gobiernos y los bancos centrales intervinieron con políticas agresivas para intentar frenar el colapso. Se implementaron programas de estímulo económico, rescates financieros y políticas monetarias ultralaxas, como la reducción de las tasas de interés a niveles históricamente bajos y la introducción de medidas de relajación cuantitativa. Sin embargo, estas acciones, aunque mitigaron parte del daño, no pudieron evitar el impacto inicial devastador de la contracción del crédito.

El resultado fue una economía global profundamente debilitada, con tasas de desempleo históricamente altas, quiebras empresariales generalizadas y una generación de consumidores y empresas más cautelosos, marcados por el recuerdo de la crisis. La contracción del crédito no fue simplemente un síntoma de la crisis financiera; fue uno de los principales mecanismos que amplificó su impacto, llevando a la economía mundial al borde del colapso y dejando una huella indeleble en la estructura económica global.

18. Políticas públicas inadecuadas

La respuesta de los gobiernos a los primeros indicios de problemas financieros en la crisis de 2007-2008 fue lenta, insuficiente y, en algunos casos, desconcertada ante la magnitud de lo que se avecinaba. Este retraso en la acción no solo permitió que los problemas se profundizaran, sino que también envió señales contradictorias al mercado, intensificando la desconfianza que ya comenzaba a aflorar entre los actores financieros y los ciudadanos comunes.

Desde los primeros signos de debilidad en el mercado inmobiliario estadounidense, los reguladores y funcionarios gubernamentales subestimaron la gravedad del problema. A pesar de los evidentes incrementos en las tasas de morosidad hipotecaria y el colapso de instituciones clave, muchos líderes aseguraron públicamente que los problemas eran "contenibles". Declaraciones como las del entonces presidente de la Reserva Federal, Ben Bernanke, en las que minimizaba el impacto de la crisis subprime, reflejaron una falta de comprensión temprana del alcance de la amenaza. Esto generó una falsa sensación de seguridad, tanto en los mercados como entre la ciudadanía, retrasando las medidas preventivas necesarias.

Los primeros intentos de intervención gubernamental se limitaron a inyecciones de liquidez en el sistema financiero para evitar que los bancos quedaran sin efectivo. Estas medidas, aunque necesarias, fueron insuficientes para abordar las causas estructurales subyacentes de la crisis. Además, los rescates selectivos de instituciones como Bear Stearns en marzo de 2008 enviaron un mensaje ambiguo al mercado: algunos bancos serían salvados, pero otros no. Esto introdujo una mayor incertidumbre, ya que los inversores no podían prever qué instituciones recibirían apoyo gubernamental y cuáles serían abandonadas a su suerte.

El tratamiento desigual de las instituciones financieras fue un punto crítico en la narrativa de la crisis. Por ejemplo, mientras que Bear Stearns fue absorbido por JPMorgan Chase con ayuda del gobierno,

Lehman Brothers, una institución de tamaño comparable y con problemas similares, fue dejado caer en septiembre de 2008. Esta decisión, que marcó el mayor colapso corporativo en la historia de Estados Unidos, desencadenó una ola de pánico en los mercados globales. La falta de un plan coherente o una estrategia clara para manejar estas quiebras dejó a los mercados tambaleándose y a los gobiernos enfrentándose a una crisis que ya se había salido de control.

En Europa, la reacción fue igualmente tardía. Aunque los gobiernos europeos observaron con preocupación los desarrollos en Estados Unidos, muchos asumieron inicialmente que sus sistemas financieros estaban protegidos. Sin embargo, la interconexión global del sector financiero significó que los bancos europeos, muchos de los cuales habían adquirido activos respaldados por hipotecas estadounidenses, también estaban expuestos. Cuando se hizo evidente la magnitud del problema, las respuestas fueron fragmentadas. Algunos países, como el Reino Unido, optaron por nacionalizar instituciones clave como Northern Rock, mientras que otros, como Alemania, ofrecieron rescates parciales a sus bancos. Sin embargo, la falta de una respuesta coordinada a nivel europeo subrayó las debilidades estructurales en la unión económica.

Además de la tardanza en las respuestas, muchos gobiernos se mostraron reacios a reconocer públicamente la magnitud de la crisis. Esto no solo se debió a la incertidumbre sobre cómo gestionarla, sino también al temor de provocar más pánico en los mercados. Sin embargo, este enfoque contribuyó a la percepción de que las autoridades estaban desconectadas de la realidad, lo que erosionó aún más la confianza pública. La negación inicial de problemas más profundos, como la existencia de una burbuja inmobiliaria en países como España e Irlanda, amplificó los efectos devastadores cuando finalmente se enfrentaron a la realidad.

La falta de supervisión adecuada en los años previos también jugó un papel crucial en esta reacción tardía. Los reguladores, debilitados por años de desregulación y un enfoque excesivamente complaciente hacia los mercados financieros, carecían de las herramientas y los datos necesarios para anticiparse a la crisis. Además, la complejidad de los productos financieros, como las obligaciones de deuda garantizadas (CDO) y los valores respaldados por hipotecas (MBS), superaba las capacidades de muchos reguladores para entender y evaluar los riesgos sistémicos.

Cuando finalmente se implementaron medidas más contundentes, como los paquetes de rescate y los estímulos fiscales, ya era demasiado tarde para evitar el colapso económico global. La caída en cascada de bancos, la contracción del crédito y la pérdida de confianza habían llevado a una recesión mundial que afectó tanto a las economías avanzadas como a las emergentes. Los gobiernos, que podrían haber tomado medidas preventivas para mitigar los impactos, se encontraron en una posición reactiva, intentando contener un incendio que ya había consumido gran parte del sistema financiero global.

El costo humano de esta lentitud e insuficiencia fue enorme. Millones de personas perdieron sus empleos, sus hogares y sus ahorros, mientras que la confianza en las instituciones financieras y gubernamentales se deterioró de manera significativa. La incapacidad de los gobiernos para actuar con rapidez y decisión en los primeros momentos de la crisis no solo exacerbó sus efectos, sino que también dejó una lección amarga sobre los peligros de la inacción frente a las señales tempranas de problemas económicos.

19. Crisis de confianza

La falta de transparencia en los balances bancarios fue un factor crucial que amplificó la desconfianza generalizada en las instituciones financieras durante la crisis de 2007-2008. En el núcleo de este problema se encontraba la opacidad con la que los bancos manejaban sus activos, especialmente aquellos relacionados con productos financieros complejos y de alto riesgo, como las obligaciones de deuda garantizadas (CDO) y los valores respaldados por hipotecas (MBS). Esta opacidad, que durante años había permitido que los bancos generaran beneficios significativos, se convirtió en una de las principales razones por las cuales la confianza en el sistema financiero colapsó tan rápidamente cuando los problemas comenzaron a emerger.

Durante el auge previo a la crisis, los bancos habían acumulado enormes cantidades de activos tóxicos, es decir, inversiones de alto riesgo que dependían en gran medida de la estabilidad del mercado inmobiliario. Sin embargo, estos activos eran a menudo empaquetados, reestructurados y redistribuidos en formas tan complejas que incluso los propios gestores bancarios tenían dificultades para entender completamente la naturaleza de los riesgos que estaban asumiendo. Para agravar la situación, muchos de estos activos no estaban valorados en función de su precio real en el mercado, sino que dependían de modelos internos de valuación que eran opacos y a menudo optimistas, presentando un panorama irrealmente positivo.

Los balances bancarios se convirtieron en un entramado de números y términos que pocos podían descifrar, incluso dentro del propio sector financiero. Esto fue especialmente problemático para los inversores, reguladores y otras instituciones financieras que necesitaban evaluar la solvencia de estos bancos. Cuando la crisis comenzó a escalar y las tasas de impago hipotecario aumentaron, quedó claro que gran parte de los activos que figuraban en los balances eran en realidad instrumentos de valor altamente cuestionable. Sin una imagen clara de la situación financiera real de los bancos, la confianza en el sistema financiero se desplomó.

Esta falta de transparencia tuvo efectos en cadena. Uno de los primeros y más graves fue la parálisis del crédito interbancario. Los bancos, incapaces de confiar en la solvencia de sus pares debido a la incertidumbre sobre la calidad de sus balances, dejaron de prestarse dinero entre ellos. Esto creó un círculo vicioso: la falta de crédito exacerbó los problemas de liquidez, lo que a su vez empeoró las posiciones financieras de los bancos, alimentando aún más la desconfianza. En este contexto, incluso instituciones financieras que eran solventes comenzaron a tener dificultades para acceder al financiamiento necesario para sus operaciones diarias.

Un ejemplo paradigmático de esta desconfianza fue el colapso de Lehman Brothers. Antes de su quiebra, la incertidumbre sobre la calidad de sus activos y la opacidad de sus balances impidieron que otros bancos estuvieran dispuestos a proporcionarle financiamiento de emergencia. Aunque Lehman Brothers fue uno de los casos más destacados, la realidad es que esta falta de confianza permeó todo el sistema financiero, afectando tanto a grandes instituciones internacionales como a bancos regionales más pequeños.

Además, los reguladores, que podrían haber actuado para exigir una mayor transparencia en los balances, también se vieron superados por la complejidad del problema. Durante años, el enfoque desregulador y la confianza en que los mercados podían autorregularse habían permitido que los bancos operaran con niveles alarmantes de opacidad. Cuando los reguladores finalmente comenzaron a intentar entender el alcance del problema, ya era demasiado tarde para evitar el colapso de la confianza.

La opacidad en los balances no solo afectó a los bancos, sino que también tuvo un impacto devastador en los inversores y los consumidores. Los accionistas y bonistas, al no poder determinar con precisión el riesgo asociado con las instituciones financieras en las que habían invertido, comenzaron a retirar sus fondos de manera masiva, contribuyendo a la volatilidad del mercado. Los consumidores, por su parte, también se vieron afectados, ya que la desconfianza en los bancos se tradujo en un aumento de los retiros de depósitos y en una caída generalizada de la confianza en el sistema financiero.

Es notorio que la falta de transparencia en los balances bancarios se convirtió en un catalizador para el colapso financiero global. La incapacidad de las instituciones para proporcionar información clara y precisa sobre su salud financiera no solo exacerbó la crisis, sino que también dejó una profunda huella en la percepción pública del sistema bancario. Este episodio dejó en evidencia la necesidad de una mayor regulación y supervisión para garantizar que los balances de los bancos sean claros, comprensibles y reflejen con precisión la realidad financiera de las instituciones. Aunque las reformas implementadas tras la crisis abordaron en parte este problema, el impacto de la opacidad en los balances sigue siendo un recordatorio de cómo la falta de confianza puede desencadenar una crisis de proporciones históricas.

20. Problemas en los mercados laborales

Sacudió los cimientos de la economía global, pero para millones de personas comunes, aquel desastre no se tradujo en gráficos, cifras o balances contables. Para ellos, el colapso económico se sintió en algo mucho más tangible: la pérdida de su empleo. Fue como si de la noche a la mañana, el mundo que conocían se desmoronara bajo sus pies, dejando tras de sí un vacío lleno de incertidumbre, miedo y desesperación.

Todo comenzó de manera casi imperceptible, con rumores de problemas en los mercados financieros. Los noticieros hablaban de palabras extrañas como "subprime" y "hipotecas tóxicas", términos que para la mayoría carecían de sentido. Sin embargo, aquellos términos eran las primeras grietas en el muro que sostenía la estabilidad económica. Las empresas, grandes y pequeñas, empezaron a sentir el peso de una tormenta que se avecinaba. Las líneas de crédito, esas que durante años fluían con generosidad y sostenían sus operaciones, se congelaron de repente. La maquinaria financiera, que dependía de un flujo constante de dinero, empezó a fallar, y con ello, las empresas buscaron rápidamente una solución para sobrevivir.

Para los trabajadores, el impacto llegó de manera brutal. En un día cualquiera, alguien podía entrar en la oficina, la fábrica o el taller, solo para encontrar un sobre sobre su escritorio o escuchar a su jefe decir con voz grave que la empresa tenía que "hacer ajustes". Esas palabras eran una sentencia. Los despidos masivos comenzaron como un goteo, pero pronto se convirtieron en un torrente incontrolable. En ciudades y pueblos enteros, las tiendas cerraban, las plantas manufactureras quedaban vacías, y los barrios, antes llenos de vida, se sumían en un inquietante silencio.

En Estados Unidos, los suburbios que habían florecido durante el auge inmobiliario se convirtieron en paisajes desolados. Las calles se llenaron de casas vacías, con carteles de "Se vende" que nadie parecía mirar. Las comunidades que dependían de la construcción y el desarrollo inmobiliario fueron las primeras en sentir el golpe. Miles de trabajadores de la construcción, electricistas, fontaneros y agentes inmobiliarios perdieron su fuente de ingresos en cuestión de meses. Algunos trataron de reinventarse, pero las oportunidades eran pocas y distantes. Las oficinas de empleo, desbordadas, eran testigos de largas filas de hombres y mujeres que, con los papeles en mano, buscaban cualquier trabajo que pudiera darles algo de esperanza.

El colapso, sin embargo, no se detuvo en el sector inmobiliario. Las empresas manufactureras, que dependían de las exportaciones o del consumo interno, empezaron a reducir sus operaciones. Las cadenas de montaje se ralentizaron y, finalmente, se detuvieron por completo. En lugares como Detroit, una ciudad que había sido sinónimo de la industria automotriz, las calles se llenaron de fábricas cerradas y concesionarios vacíos. Familias enteras que durante generaciones habían trabajado en esas plantas se encontraron, de un día para otro, sin nada. El desempleo en la ciudad alcanzó niveles alarmantes, y con él, llegó una ola de desaliento difícil de superar.

En Europa, la situación no era mejor. Países como Irlanda y España, que habían experimentado su propio auge inmobiliario, vieron cómo el empleo en el sector de la construcción se desmoronaba. Los jóvenes, muchos de ellos con poca experiencia fuera de ese ámbito, se enfrentaron a una realidad devastadora: no había trabajo, ni ahora ni en el futuro inmediato. En España, la tasa de desempleo juvenil superó el 40%, dejando a una generación entera atrapada en una especie de limbo, sin oportunidades ni un camino claro hacia adelante. Las cafeterías y plazas de los pueblos se llenaron de conversaciones sombrías, de planes rotos y sueños aplazados indefinidamente.

El desempleo masivo no solo devastó las economías locales, sino que también tuvo un efecto profundo en el tejido social. Las familias, enfrentadas a la pérdida de ingresos, tuvieron que tomar decisiones dolorosas. Algunas se vieron obligadas a abandonar sus hogares, incapaces de seguir pagando la hipoteca o el alquiler. Otros recurrieron a trabajos temporales y mal remunerados, sacrificando su estabilidad a cambio de sobrevivir un día más. Los ahorros acumulados durante años se evaporaron, y las tensiones crecieron dentro de los hogares, donde las discusiones sobre el dinero se convirtieron en algo cotidiano.

El impacto psicológico del desempleo fue quizás uno de los aspectos más desgarradores. Los trabajadores, acostumbrados a definirse por lo que hacían, ahora se enfrentaban al vacío de no tener un propósito claro. La sensación de inutilidad y desesperanza creció como una sombra, afectando la salud mental de millones. En algunos casos, las dificultades financieras y emocionales llevaron a rupturas familiares, adicciones y, trágicamente, a un aumento en los suicidios. Los periódicos comenzaron a publicar historias de personas que, incapaces de ver una salida, habían tomado decisiones extremas. Estas historias eran un recordatorio sombrío de cómo una crisis financiera podía trascender lo económico y afectar directamente la esencia misma de la humanidad.

Mientras tanto, los gobiernos intentaban reaccionar. Se aprobaban planes de estímulo, se discutían rescates y se lanzaban programas de empleo, pero el daño ya estaba hecho. Las respuestas llegaron tarde o eran insuficientes para abordar la magnitud del problema. En muchos casos, las medidas se centraron en salvar a los bancos y las instituciones financieras, mientras que las personas comunes se sentían abandonadas. Las calles de las principales capitales se llenaron de protestas, con ciudadanos exigiendo respuestas y responsabilizando a quienes habían permitido que la crisis ocurriera en primer lugar.

El desempleo masivo fue quizás la expresión más tangible de la crisis financiera, un recordatorio constante de cómo decisiones tomadas en oficinas corporativas y gubernamentales podían impactar a las personas de a pie. Fue un periodo en el que el mundo pareció detenerse, dejando a millones en una pausa dolorosa, esperando que algo, cualquier cosa, pudiera devolverles el control sobre sus vidas. La memoria de esos días oscuros permanece como una advertencia, un eco de cómo la fragilidad del sistema puede tener un impacto devastador en las vidas humanas.

21. Caos global

Un rastro de devastación se extendió mucho más allá de los corredores de Wall Street o los despachos de los bancos centrales. El colapso del valor de activos como viviendas, fondos de pensiones y otras inversiones personales golpeó directamente el corazón de las familias, llevándolas a una situación que pocos habían imaginado posible. Fue como si una marea negra, iniciada en los oscuros pasillos del sistema financiero global, hubiera arrasado con los cimientos de la seguridad económica de millones de personas en todo el mundo.

Para entender la magnitud de esta pérdida, basta imaginar a una familia promedio. Durante años, habían visto cómo el valor de su vivienda crecía, convirtiéndose en un símbolo no solo de estabilidad, sino también de inversión y progreso. Esa casa no era solo un hogar, era un activo que prometía un futuro mejor: la posibilidad de enviar a los hijos a la universidad, la esperanza de una jubilación tranquila o la idea de tener un colchón financiero ante cualquier imprevisto. Pero cuando el mercado inmobiliario colapsó, esa sensación de seguridad se desmoronó. Las viviendas, que alguna vez fueron vistas como fortalezas de valor, se convirtieron en un peso muerto. Los precios cayeron a niveles tan bajos que muchas personas descubrieron, para su horror, que debían más por sus hipotecas de lo que valían sus casas.

El fenómeno del embargo hipotecario masivo se convirtió en una dolorosa realidad para millones de familias. A lo largo de Estados Unidos, Europa y otras partes del mundo, las imágenes de calles llenas de casas vacías con letreros de "Se vende" o "Propiedad embargada" se volvieron comunes. La desolación no era solo física, sino profundamente emocional. Las familias, incapaces de hacer frente a los pagos, eran obligadas a abandonar los hogares que habían construido con esfuerzo y amor. En muchos casos, estas propiedades quedaban en manos de los bancos, que a su vez no podían venderlas en un mercado inundado de ofertas. Las ciudades y suburbios que una vez florecieron gracias al auge inmobiliario se convirtieron en paisajes fantasmales, donde las ventanas rotas y los jardines descuidados eran el nuevo símbolo de una economía rota.

Pero el impacto no se limitó a las viviendas. Los fondos de pensiones, que durante décadas habían sido el ancla de la estabilidad financiera de muchas familias, también sufrieron pérdidas devastadoras. Los mercados bursátiles, arrastrados por la incertidumbre y el pánico, se desplomaron, borrando en cuestión de meses el valor acumulado durante años. Personas que habían trabajado toda su vida, confiando en que sus ahorros para la jubilación estarían protegidos, se encontraron con que sus cuentas habían sido diezmadas. La promesa de un retiro digno se desvaneció para muchos, dejándolos sin otra opción que seguir trabajando, en algunos casos, hasta el final de sus vidas.

Esta pérdida de riqueza, tanto real como percibida, tuvo un efecto inmediato y devastador en el consumo. Las familias, enfrentadas a una incertidumbre sin precedentes, comenzaron a recortar gastos de manera drástica. Las cenas en restaurantes, las vacaciones familiares, incluso las compras diarias en el supermercado se vieron afectadas. La economía global, que dependía del consumo constante para mantenerse en marcha, sintió el golpe. Las empresas, enfrentadas a una caída en la demanda, comenzaron a cerrar sus puertas o a reducir su personal, alimentando aún más el círculo vicioso de la recesión.

El empleo, ya debilitado por la contracción del crédito, sufrió una destrucción global sin precedentes. Industrias enteras, desde la construcción hasta la manufactura y los servicios, se desmoronaron bajo el peso de la crisis. En países como España e Irlanda, donde el auge inmobiliario había sido especialmente intenso, el desempleo alcanzó niveles alarmantes. Los jóvenes, que apenas comenzaban sus carreras, se enfrentaron a un futuro incierto, mientras que los trabajadores mayores, despedidos después de décadas de empleo, luchaban por encontrar nuevos puestos en un mercado laboral que ya no los necesitaba. En lugares como Estados Unidos, las colas en las oficinas de empleo se extendían por cuadras, un recordatorio visible de cómo una crisis que comenzó en los mercados financieros había llegado a afectar directamente a las personas comunes.

A nivel global, el impacto fue igualmente devastador. En los países en desarrollo, donde muchas economías dependían de las exportaciones a mercados occidentales, la caída en el consumo y la inversión extranjera llevó a una rápida contracción económica. Las fábricas cerraron, los trabajadores emigraron en busca de oportunidades inexistentes, y las comunidades, ya vulnerables, se hundieron aún más en la pobreza. La fuga de capitales de los mercados emergentes exacerbó estas tensiones, dejando a los gobiernos de estos países con pocas herramientas para hacer frente a la crisis.

La pobreza, en todas sus formas, fue quizás el legado más amargo de la crisis. En los barrios obreros de las grandes ciudades, en las comunidades rurales y en las naciones en desarrollo, la falta de empleo y la pérdida de riqueza llevaron a un aumento en la inseguridad alimentaria, la falta de acceso a la atención médica y una sensación general de desesperación. Las historias de familias que se veían obligadas a depender de bancos de alimentos, de niños que abandonaban la escuela para ayudar a sus padres a sobrevivir, y de comunidades enteras que luchaban por mantenerse a flote, se volvieron demasiado comunes.

La crisis financiera de 2007-2008, que devastó vidas, arruinó ahorros, y despojó a millones de familias de sus hogares, dejó a muchos preguntándose cómo era posible que quienes la provocaron salieran prácticamente indemnes. En medio de una catástrofe económica global sin precedentes, los altos ejecutivos de las principales instituciones financieras no solo evitaron las consecuencias legales y profesionales que hubieran parecido inevitables, sino que incluso lograron beneficiarse económicamente en el proceso. El uso de dinero público para pagar bonus millonarios a estos responsables no fue solo un insulto para quienes habían perdido todo, sino una señal de que el sistema estaba diseñado para proteger a los poderosos a cualquier costo.

La narrativa oficial que se promovió durante la crisis giraba en torno a la idea de que los bancos y las instituciones financieras eran "demasiado grandes para caer". Este concepto, que buscaba justificar el rescate masivo de los gigantes financieros con fondos públicos, tenía como base el temor de que permitir la quiebra de estas entidades desestabilizaría aún más una economía global ya al borde del colapso. Sin embargo, en lugar de imponer condiciones estrictas o exigir rendición de cuentas como contrapartida por los rescates, los gobiernos y bancos centrales, en su mayoría, adoptaron un enfoque complaciente, permitiendo que las mismas personas que habían dirigido estas instituciones hacia el desastre siguieran en sus puestos.

En 2008, mientras millones de personas en Estados Unidos perdían sus empleos y hogares, los principales ejecutivos de Wall Street disfrutaban de bonus que, en algunos casos, alcanzaban decenas de millones de dólares. Según un informe del Congreso estadounidense, las nueve principales instituciones financieras que recibieron dinero del rescate federal a través del programa TARP (Programa de Alivio de Activos Problemáticos) destinaron aproximadamente 33.000 millones de dólares a compensaciones y bonus para sus empleados ese mismo año. Estas cifras, escandalosas por sí mismas, adquieren un matiz aún más perturbador cuando se considera que estos fondos provenían de los impuestos pagados por las mismas personas que estaban sufriendo los efectos más devastadores de la crisis.

El caso de AIG (American International Group) es quizás el más emblemático. Esta aseguradora gigante, que desempeñó un papel crucial en la crisis al garantizar productos financieros tóxicos como los CDO y los CDS, recibió un rescate de 182.000 millones de dólares por parte del gobierno estadounidense para evitar su colapso. Sin embargo, en lugar de usar esos fondos para estabilizar sus operaciones y devolver la confianza al sistema financiero, AIG otorgó más de 165 millones de dólares en bonus a sus ejecutivos, incluyendo a aquellos directamente responsables de las decisiones que habían llevado a la empresa al borde de la quiebra. La indignación pública fue inmediata, pero las explicaciones ofrecidas por la empresa y las autoridades fueron insatisfactorias, señalando que estos pagos eran "contratos previamente pactados" y, por lo tanto, ineludibles.

La lógica detrás de estos pagos resultaba incomprensible para la mayoría. ¿Cómo era posible que se recompensara a personas por su ineptitud o, peor aún, por sus acciones irresponsables y codiciosas que habían llevado al mundo al borde del abismo? La respuesta residía en el poder de las instituciones financieras y su estrecha relación con los gobiernos. A lo largo de las décadas previas a la crisis, Wall Street había cultivado una influencia considerable sobre Washington, utilizando millones de dólares en donaciones de campaña, cabildeo y conexiones personales para asegurarse de que sus intereses estuvieran protegidos. En muchos casos, las mismas personas que habían trabajado en estas instituciones financieras ocupaban puestos clave en el gobierno durante la crisis, lo que generaba un claro conflicto de intereses.
Un ejemplo de esta relación simbiótica fue el papel de Henry Paulson, secretario del Tesoro durante la crisis y exdirector ejecutivo de Goldman Sachs. Bajo su liderazgo, el Tesoro diseñó los paquetes de rescate que beneficiaron enormemente a las instituciones financieras, incluidas las que habían tenido un papel destacado en la crisis, como Goldman Sachs. Aunque no hay pruebas de mala fe directa por parte de Paulson, la percepción de que las decisiones se tomaban para proteger a Wall Street en detrimento de Main Street era inevitable.

En Europa, la situación no fue muy diferente. En el Reino Unido, por ejemplo, los bancos que recibieron rescates del gobierno, como Royal Bank of Scotland y Lloyds, también continuaron pagando generosos bonus a sus ejecutivos. La justificación, en muchos casos, era que estos pagos eran necesarios para "retener el talento" en un momento crítico. Sin embargo, para el público general, este razonamiento resultaba insultante. ¿Qué talento merecía ser retenido si había llevado al sistema financiero al borde del colapso?

El problema no se limitó a los bonus. En muchos casos, los ejecutivos responsables de las decisiones más desastrosas simplemente abandonaron sus cargos con indemnizaciones multimillonarias.

Richard Fuld, el último director ejecutivo de Lehman Brothers, cuya quiebra marcó un punto de inflexión en la crisis, recibió una compensación total de aproximadamente 500 millones de dólares durante su mandato en la empresa, a pesar de haber supervisado su colapso. Este patrón se repitió en múltiples instituciones, con altos ejecutivos asegurándose paquetes de salida exorbitantes mientras sus empresas se desmoronaban y los contribuyentes asumían el costo.

La falta de consecuencias legales fue quizás el aspecto más frustrante para el público. A pesar de las investigaciones, los informes del Congreso y las audiencias públicas que documentaron en detalle las prácticas irresponsables e incluso fraudulentas que habían llevado a la crisis, pocos ejecutivos enfrentaron cargos penales. En su lugar, las instituciones financieras llegaron a acuerdos con los reguladores, pagando multas que, aunque altas en términos absolutos, representaban una fracción de los beneficios que habían obtenido durante el auge previo a la crisis. Para los afectados por la crisis, esto equivalía a una burla: los bancos podían comprar su salida de los problemas legales mientras las personas comunes enfrentaban el peso total de la recesión.

La crisis financiera de 2007-2008 no solo fue un fracaso del sistema económico global, sino también un recordatorio de cómo las élites financieras estaban blindadas frente a las consecuencias de sus acciones. Mientras millones sufrían, los responsables eran recompensados. Fue un episodio que, lejos de ser olvidado, sigue siendo una herida abierta en la memoria colectiva, una advertencia de los peligros de un sistema donde los poderosos nunca pierden, sin importar el daño que causen al resto del mundo.

Epílogo. **¿Nadie lo vio?**

El colapso financiero de 2007-2008 no fue un terremoto inesperado ni un acto de la naturaleza imposible de prever. No fue el fruto de fuerzas ocultas o de variables complejas que escaparan a la comprensión humana. No, lo más desgarrador de la crisis fue que muchos sí lo vieron. Hubo voces, advertencias, señales claras, y aun así, la maquinaria del sistema siguió su curso, como si el desastre fuera un destino inevitable. Los responsables, aquellos que ocupaban los puestos de poder, eligieron ignorar las alertas. No por desconocimiento, sino por conveniencia. Y al final, quienes pagaron el precio más alto no fueron ellos, sino millones de personas comunes y corrientes que confiaron en el sistema que les falló en el momento más crítico.

Desde las primeras burbujas en los precios de la vivienda hasta la complejidad insostenible de los productos financieros que intoxicaron el sistema, los signos estaban ahí, visibles para quien quisiera mirarlos. Economistas, inversores visionarios, analistas independientes, todos levantaron banderas rojas. Algunos, como Michael Burry, escudriñaron los datos con obsesión y descubrieron la fragilidad del sistema hipotecario; otros, como Nouriel Roubini, predijeron con precisión que las prácticas de endeudamiento masivo y los activos sobrevalorados terminarían por implosionar. Pero en un mundo dominado por la avaricia y la inercia institucional, estas advertencias fueron ignoradas, ridiculizadas y descartadas como alarmismo innecesario.

El relato oficial, aquel que los gobiernos y los medios de comunicación repitieron como un mantra, era que el sistema financiero global era sólido. Que la expansión del crédito y el auge inmobiliario eran signos de una economía sana, de prosperidad. Las hipotecas de alto riesgo dijeron, eran un mecanismo para democratizar el acceso a la vivienda, un vehículo de progreso social. Las tasas de interés bajas eran una herramienta para estimular el crecimiento tras los traumas económicos del 11 de septiembre y la crisis de las puntocom. La narrativa era reconfortante, y quienes la cuestionaban eran relegados a los márgenes, a los espacios donde las dudas no amenazan al status quo.

Sin embargo, a medida que las familias comunes confiaban en este relato y tomaban decisiones basadas en la promesa de un futuro seguro, los poderosos jugaban un juego distinto. Los bancos empaquetaban hipotecas de dudosa calidad en productos financieros opacos, que luego vendían con el beneplácito de las agencias calificadoras. Los ejecutivos cosechaban enormes beneficios, sabiendo que sus instituciones eran demasiado grandes para caer, protegidas por la certeza de que, si algo salía mal, los contribuyentes pagarían la cuenta.

Y cuando llegó el colapso, como muchos ya habían advertido que sucedería, las víctimas no fueron aquellos que jugaban con fuego en las torres de marfil de Wall Street. Fueron los ciudadanos comunes, aquellos que habían trabajado durante décadas para ahorrar lo suficiente para comprar una casa, para enviar a sus hijos a la universidad, para construir un futuro que ahora se desmoronaba ante sus ojos. Fueron los jubilados que vieron desaparecer sus fondos de pensiones, los jóvenes que se encontraron sin empleo y sin perspectivas, las familias que fueron desalojadas de sus hogares mientras las propiedades vacías se acumulaban en los inventarios de los bancos.

"¿Cómo pudo pasar esto?", se preguntaban millones de personas. ¿Cómo era posible que quienes debían proteger la estabilidad económica, los gobiernos, los reguladores, los bancos centrales, no hubieran actuado a tiempo? Pero la respuesta no era reconfortante. Ellos sí lo sabían. Sabían que el sistema estaba plagado de riesgos, que las burbujas eventualmente estallan, que los mercados financieros son tan fuertes como sus eslabones más débiles. Pero no hicieron nada.

La inacción no fue accidental. Fue deliberada. Fue el resultado de un sistema capturado por los intereses de quienes más se beneficiaban de su perpetuación. Durante años, las instituciones financieras habían gastado fortunas en cabildeo, en asegurarse de que las leyes y regulaciones fueran lo suficientemente flexibles como para permitirles maximizar sus ganancias. Cuando alguien cuestionaba este modelo, cuando se señalaban las grietas, las respuestas eran siempre las mismas: "El mercado sabe lo que hace. Confíen en el sistema".

Pero la confianza es un contrato, un pacto implícito entre los ciudadanos y quienes detentan el poder. Y en este caso, ese pacto fue roto. Las personas depositaron su fe en los bancos que gestionaban sus ahorros, en los gobiernos que se comprometían a proteger sus intereses, en las reglas que, pensaban, garantizaban un juego limpio. Lo que no sabían es que este sistema no estaba diseñado para protegerlos, sino para proteger a quienes ya tenían todo.

La pregunta persiste: ¿nadie lo vio? Sí, lo vieron. Pero ver no es suficiente cuando quienes tienen el poder de actuar eligen no hacerlo. Cuando el miedo a perder beneficios supera el deber de proteger a quienes más lo necesitan. Cuando el sistema en sí está diseñado para ignorar a las voces que advierten del peligro, incluso cuando ese peligro es inminente.

En última instancia, la verdadera tragedia de la crisis no fue solo el colapso económico, sino la pérdida de fe. No en los bancos, ni en los mercados, sino en la idea de que el sistema económico podía ser un vehículo para el bien común. Esa fe, una vez rota, es difícil de recuperar. Las víctimas de la crisis no solo perdieron sus hogares, sus empleos y sus ahorros; perdieron algo más fundamental: la confianza en que el mundo que les prometieron existía realmente.